# 동양 저작권 사상의 문화사적 배경 비교 연구

### 한국·중국·일본의 근대 출판문화를 중심으로

이 도서의 국립중앙도서관 출판시도서목록(CIP)은 서지정보유통지원시스템 홈페이지(http://seoji.nl.go.kr)와 국가
자료공동목록시스템(http://www.nl.go.kr/kolisnet)에서 이용하실 수 있습니다.(CIP제어번호:CIP2014014104)

**동양 저작권 사상의 문화사적 배경 비교 연구**

초판 1쇄 인쇄 / 2014년 4월 20일
초판 1쇄 발행 / 2014년 4월 25일

지은이 / 김기태
펴낸이 / 한혜경
펴낸곳 / 도서출판 異彩(이채)
주소 / 135-953 서울특별시 강남구 영동대로 721, 1110호(청담동, 리버뷰 오피스텔)
출판등록 / 1997년 5월 12일 제 16-1465호
전화 / 02)511-1891, 512-1891
팩스 / 02)511-1244
e-mail / yiche7@dreamwiz.com
ⓒ 김기태 2014

ISBN 979-11-85788-01-2 93010

# 동양 저작권 사상의 문화사적 배경 비교 연구

한국·중국·일본의 근대 출판문화를 중심으로

김기태(金基泰) 지음

이채

이 저서는 2010년 정부(교육과학기술부)의 재원으로 한국연구재단의 지원을 받아 연구되었음. (NRF-2010-332-B00650)

## 서문_디지털 미디어 시대, 저작권이란 무엇인가?

디지털 미디어 시대가 깊어 갈수록 아날로그 시절에 대한 그리움도 함께 깊어 간다. 원본에 대한 아우라(aura)가 이른바 '짝퉁'의 틈바구니에서 실종된 지 오래다 보니 디지털 세상이 빚어내는 인조 미인의 미끈한 몸매보다는 울퉁불퉁할 망정 정감 넘치는 할머니 살결이 그리워지곤 한다. 클릭 한 번이면 득달같이 전 세계로 퍼져 가는 인터넷 메일보다는 우편배달부의 손때 묻은 편지가 더 매혹적인 송신 수단이라는 생각은 이제 기성세대의 전유물로 전락하고 만 것일까?

디지털 미디어 환경에서 저작권은 그것의 보호만을 강조하다 보면 저작물에 대한 접근을 원천적으로 막거나 저작권법이 보장하고 있는 '사적 이용을 위한 복제'까지 규제하게 된다. 오프라인 서점에서 우리는 책을 복제하지 않더라도 얼마든지 접근할 수 있지만, 디지털 환경에서는 특정 저작물에 접근해서 내용을 확인하는 것 자체가 복제를 수반하게 마련이다. 아울러 과거의 저작권은 주로 영리 목적의 대량 복제를 규제하는 것만으로도 충분히 보호할 수 있었다. 하지만 오늘날 저작권은 보호의 한계가 여기저기서 노출되고 있다. 디지털 기술은 눈부시게 진보하는 반면 우리 의식은 여전히 무단 복제 시대를 벗어나지 못하고 있기 때문이다.

이런 위험성을 줄이려면 우선 저작권 보호의 당위성을 누구든지 이해하고 실천할 수 있는 사회적 분위기가 조성되어야 한다. 초등학교에서부터 저작권 보호를 생활화할 수 있어야 하며, 정당하고도 공정한 인용의 방식을 가르쳐야 한다. 아울러 온라인상에서의 예절에 입각하여 저작권을 존중하는 풍토가 누리꾼들 사이에 정착되어야 한다. 또, 국가나 지방자치단체의 차원에서 지식과

정보를 기록·보존하고 누구든지 쉽게 접근할 수 있도록 체계화하려는 노력이 뒤따라야 한다. 이미 저작권 보호기간이 만료된 저작물들을 바탕으로 자칫 묻혀버릴 수 있는 유용한 지식을 발굴하고 보존함으로써 이용자들이 쉽게 정보를 검색하고 접근할 수 있도록 도울 필요가 있는 것이다.

나아가 저작권자들 또한 이용자 편의 증진을 위해 노력해야 한다. 그중 하나의 방법이 바로 '라이선스 표시' 등 권리관리정보를 구축해 나가는 것을 생각해 볼 수 있다. 예컨대, "영리 목적의 이용이 아니라면 출처를 명시하고 자유롭게 이용해도 좋다"거나 "이용허락을 얻으려면 반드시 연락해 달라"는 등의 표시를 하는 등 저작권자들이 적극적으로 자기 권리에 대한 구체적 판단을 해 줌으로써 이용자들이 쉽게 접근할 수 있도록 배려해야 한다. 오늘날과 같은 저작권 법제에서는 별다른 표시가 없는 한 저작권이 주어지는 저작물로 추정되기 때문에 이용자들에게 자신이 창작한 저작물을 어떤 방식으로 이용할 수 있는지 적극적으로 알릴 필요가 있다. 다만, 아무런 조건 없이 자기 저작물에 대한 저작권을 포기하게 되면 악의적인 이용 사례가 나타날 수 있으므로 주의해야 한다. 그러므로 자신의 저작물을 다른 사람이 일정한 조건에 따라 이용하는 것을 손쉽게 해 주는 동시에 자신의 뜻이 왜곡되지 않도록 하기 위해 다양한 라이선스 표시의 방식을 연구할 필요가 있다.

또 하나, 요사이 우리 사회를 지배하고 있는 디지털 세상에 대한 환상과 관련하여 "과연 그럴까?"라는 의문으로 돌아가 보자. 인간 그 자체는 분명 아날로그요, 사상과 감정 또한 아날로그에 가깝다. 그것을 제어하거나 통제하는 능력에 있어서 정형화된 디지털은 범접할 여지가 없다. 기술은 어디까지나 인간 생활의 수단으로 기능해야 하며, 그것이 인간의 우위에 자리 잡는 날 인간성은 말살될 것이기 때문이다. 예컨대, 한 권의 책 속에 담긴 내용이 인간 내면의 사상이요 감정일진대, 그것을 판독하는 장치가 디지털화한다고 해서 무엇이 크게 달라질 것인가. 인공심장을 달았다고 해서 그가 로봇이 될 수는 없는 노릇이다. 마찬가지로 책이 디지털화한다고 해서 그 내용까지 기술종속적일 수는 없는 노릇이다.

저작권은 어디까지나 우리 인간의 사상과 감정을 표현한 문화의 산물이다. 문화는 곧 우리 스스로 창조하고 면면히 계승하는 것이며, 그것의 주체는 또한 우리 인간이다. 앞으로 복제를 포함한 디지털 기술은 점점 더 발전해 나갈 것이고, 저작물의 양상 또한 날로 다양해질 것이다. 그러므로 저작권을 보호하고 창작에의 욕구를 지속적으로 북돋우려는 노력이 뒤따르지 않는다면 저작권법이 추구하는 문화의 향상, 발전은 기대하기 어려울 것이다.

이런저런 착잡한 심정으로 졸저를 세상에 또 내놓는다. 한국연구재단의 지원 덕분에 풍족한 환경에서 2년여 동안 열심히 공부한 결과물임에도 부끄럽기는 매한가지다. 이 책은 프롤로그와 에필로그를 제외하고 모두 4개의 장으로 구성되었다. 제1장에서는 동양 저작권 사상의 문화사적 배경에 대해, 제2장에서는 동양 저작권 사상의 출판문화적 배경에 대해, 제3장에서는 동양 저작권 사상의 법적 배경에 대해, 그리고 제4장에서는 동양 저작권 사상의 전개 양상과 전망에 대해 기술하였다.

부족한 부분, 잘못된 부분 또는 지나친 부분이 있다면 그 허물은 당연히 연구자에게 있다. 연구계획서 단계부터 격려하고 지원해 준 한국연구재단, 사진자료를 모으고 정리하느라 고생한 김보은 양, 그리고 출판을 맡아 준 도서출판 이채의 한혜경 대표께 감사할 따름이다.

2014년 3월
세명대학교 인문학관 연구실에서
김기태

# | 목 차 |

## 연구 배경

근대 이전까지의 저작권(著作權, copyright) 보호는 인쇄술에 의한 복제물, 즉 출판물로부터의 저작권 침해를 방지하는 것이 주목적이었다. 그러나 과학 기술의 발전은 저작물을 수록하고 전달하는 매체의 증가와 더불어 저작권 침해의 대상이 인쇄 매체로부터 전기·전파 매체에서 전자적 장치로까지 넓어지는 결과를 가져왔다. 따라서 현대적 의미의 저작권법은 저작권자 보호를 위한 규정뿐만 아니라, 저작권자와 저작물 이용자의 권리와 의무는 물론 책임까지도 정해 놓은, 문화 활동의 기본에 관한 법률이라고 할 수 있다. 그럼에도 기초학문자료센터(KRM)에 등록된 연구 성과를 살펴보면 저작권 관련 연구들 대부분이 인터넷 또는 디지털 기술과의 상관성 및 그것의 경제적 효과에 집중되어 있어서 저작권 제도의 역사성에 입각한 토대 연구는 매우 미미한 실정임을 알 수 있다. 특히 동양과 서양의 저작권에 대한 출발점 내지 지향점이 어떻게 같고 또 다른지 살피고 있는 연구 성과는 기존 학계를 통틀어도 찾아보기 어렵다는 점에 착안하여 이 연구가 시작되었다.

　나아가 저작권 보호제도는 서양 사상의 영향이 절대적으로 반영된 것으로 동양의 문화사적 맥락에서 보면 그다지 바람직한 제도라고 할 수 없다. 이에 연구자는 서양사적 측면에서만 부각되어 온 저작권 사상의 동양적 의미에 초점을 두고, 우리나라를 비롯한 중국과 일본에서 저작권 사상이 등장한 문화사적·출판문화적·법적 배경에 대해 근대 시기를 중심으로 살피고자 한다. 곧, 지식재산권의 일종으로서 국제 교역 무대에서 주요 품목으로 등장한 저작권이 근대 출판문화 형성기에 어떻게 정착되었는지 살핌으로써 동양의 근대 문화사와 저작권 제도가 어떤 상관성을 갖고 발전하였는지 파악하는 데 연구의 목적을 두고자 하였다.

## 저작권 제도의 탄생과 발전

오늘날 정보의 상품화에 있어 당연한 권리처럼 여겨지는 저작권이란 개념은 사실상 자본주의 이념의 생성과 밀접한 관련이 있다. 공동체 생활과 자급자족의 미덕이 사라진 경제적 무한 경쟁의 시대를 예고하며 탄생한 개념이기 때문이다. 그리고 그 배경에는 대량 복제 시대를 연 인쇄술의 발명을 통한 아날로그 혁명이 자리 잡고 있다. 곧 중세 이후 인쇄술에 의한 복제물의 대량 배포가 가능해지면서 저작권이란 권리 개념이 형성되었으며, 저작권 사상이 싹튼 계기로 구텐베르크(Johannes Gutenberg)의 인쇄술 발명을 떠올리게 된다. 이처럼 저작권에 관한 법제화의 역사는 동양보다는 서양에서 비롯되었다. 하지만 문자와 기록 매체가 있었다고 해서 바로 저작권 의식이 생긴 것은 아니었다. 고대에는 저작물에 관해 소유권으로서의 인식보다는 남의 저작물을 베끼는 행위는 비열한 것으로 여겨져 도덕적으로 비난의 대상이 되었고, 다른 사람의 저작물을 이용하는 것도 직접 혹은 사람을 사서 필사(筆寫)하는 것이 고작이어서 저작물에 대해 어떤 금전적인 이익을 추구하는 식의 관심은 부족했었다. 그런 까닭에 로마 시대의 유스티니아누스 법에서는 "타인의 종이, 양피(羊彼) 등에 시를 쓰거나 그림을 그린 경우에는 일체의 권리가 그 재료의 소유자에게 귀속된다"고 하여 저작물의 가치를 그 표현 물체의 가치에 귀속시켰다. 중세에 들어와서도 수도사들이 직접 손으로 베껴서 이용하는 것이 고작이어서 고대에서의 상황과 그다지 다르지 않았으므로 소유권이 문제가 되었을 뿐 여전히 저작권의 개념은 없었으며, 저작자의 권리는 특정 지위에 있는 후원자가 베풀어 주는 경제적·사회적 보상으로 충족되는 것이 고작이었다.

15세기에 이르러 독일의 구텐베르크의 활판인쇄술 발명 이후 저작물이 대량으로 복제되어 광범위하게 유통되기 시작하자 세속적인 통치자들과 성직자들이 그들의 권위에 반대하는 내용의 저작물에 관심을 갖게 되었고, 그 내용을 검열하기 위한 방편으로 특정의 출판업자에게만 저작물을 출판하게 하는 '출판특허제도(the system of printing privileges)'를 두게 되었다. 이로써 저작자들은 간접적인 보호를 받게 되었으나 출판특허제도는 기본적으로 출판업자의 특권을 위한 제도적 장치였으므로 저작자들에게는 의무적인 저작물 사용료가 지급되지 않아 저작권의 권리 개념은 미약한 수준이었다. 이후 자연주의적 계몽사상과 개인주의 사상의 보급으로 인해 출판물에 대한 규제가 완화되었고, 전제군주로서의 국왕의 권위가 쇠퇴함에 따라 국왕의 특허가 유명무실해졌으며, 그로 인해 저작물의 복제가 성행하게 되자 기존의 출판특허권자들은 자기들이 투자해서 출판한 서적들에 대한 무단 복제의 규제를 요구하기에 이르렀다.

이에 따라 제정된 최초의 저작권법이 바로 영국에서 1709년에 공포된 '앤여왕법(The Statute of Anne)'이었다. 그리하여 비로소 저작자에게 '복제권(複製權, copyright)'이라는 권리가 주어지고, 이 권리를 양도받아 출판한 출판업자에게는 그 출판물에 대해 14년간 독점권이 주어졌다. 그런데 이 법은 문서저작물에 국한된 것이어서 1735년에는 미술가들의 요청에 따라서 '조각가법(Engraver Act)'이 영국에서 제정되었고, 프랑스에서는 1791년에 공연권(公演權)을 부여하는 '저작권령(Copyright Decree)'이, 1793년에는 저작자에게 배타적 복제권을 부여하는 저작권령이 제정되었다. 그 후 미국에서는 1790년에 연방저작권법이 제정되었으며, 독일에서는 1794년에 프러시아 민법전에 저작권에 관한 규정을 포함시켰고, 러시아에서는 1830년의 민법전에 저작권에 관한 규정을 포함시켰다. 동양에서는 일본이 1869년에 출판조례(出版條例)를 공포한 것이 첫 번째 입법조치인 것으로 추정되며, 그 후 출판법과 판권법(板權法)이 시행되다가 1899년 처음으로 근대적인 저작권법을 제정하기에 이르렀다.

이와 같이 초기의 각국 저작권법은 국가의 사정에 따라 법률이나 대통령령으로, 또는 저작물의 분야별로 개별 법령을 제정하여 시행하다가 대체로 20세기 초반에 와서 저작권법이라는 통합적인 법률을 제정하게 되었고, 이와 같은 각국의 저작권법은 과학 기술의 발전에 따라 저작물의 이용 방법이 다양해졌으므로 이를 포함하기 위해 1950년대부터 전면적인 개정을 단행하였다. 한편, 영국의 '앤여왕법' 이후 유럽의 선진 여러 나라에서 제정된 저작권법은 어디까지나 국내법이었으므로 그 나라 국민에게만 효력이 미쳤다. 그러나 18세기에 이르자 나라 사이에 교류가 활발해져서 문화면에서도 상당한 교류가 진전되면서 그 과정에서 국가들 사이에 저작물을 둘러싼 무단 복제 시비가 자주 발생하기 시작함으로써 저작권 보호를 위한 다국간 협약의 필요성이 제기되었다. 저작권의 국제적 보호를 목적으로 한 세계적 규모의 최초 협약은 1886년 스위스의 베른에서 성립된 "문학적 및 미술적 저작물의 보호에 관한 베른협약(Berne Convention for the Protection of Literary and Artistic Works, '만국저작권보호동맹조약'이라고도 불린다)"이었다. 그 후 1952년에는 UNESCO의 주도로 "세계저작권협약(UCC, Universal Copyright Convention)"이 성립되어 이 두 협약은 저작권의 국제적 보호를 위한 양대 산맥과 같은 기능을 하고 있다.

## 한국의 저작권, 저작권법

우리나라의 경우 인쇄술 발명에 있어서는 독일의 구텐베르크보다 훨씬 앞서 있었지만, 대개의 동양권 국가에서처럼 인쇄 내지 출판을 국가 기관, 즉 고려 시대에는 서적원(書籍院), 조선 시대에는 교서관(校書官) 등에서 직접 담당했기 때문에 저작물에 대한 권리 의식이 발생할 여지가 거의 없었다. 조선 말기인

1883년에 와서는 박문국(博文局)이 설립되어 인쇄를 전담하다가 1884년의 갑신정변(甲申政變)으로 박문국이 폐지되자 인쇄가 일반화되기 시작하여 개인이 출판을 할 수 있게 되었지만 이 시기에도 저작권 의식은 일어나지 못하였고, 20세기에 들어와서 일본인들의 요청에 따라 1908년에 한국저작권령을 명치칙령(明治勅令) 200호로 공포하여 구일본저작권법을 그대로 빌려 쓰게 되었다. 그 후 1910년에는 일본 명치칙령 338호로서 한국저작권령을 폐지함과 동시에 일본의 저작권법을 바로 시행토록 하였으나 1911년 일본에 합병됨으로써 조선총독부 제령(制令) 1호로서 다시 일본 저작권법을 빌려 쓰게 되었다. 1945년의 광복 이후에도 미군정법령(美軍政法令) 제21호에 의해, 또한 1948년 정부 수립 이후에는 제헌헌법(制憲憲法) 제100조에 의해 일본 저작권법이 계속 원용되어 오다가 1957년에 와서야 우리 고유의 저작권법이 제정, 시행되었다.

그런데 1957년 제정된 저작권법은 1960년대와 1970년대를 거치면서 급격히 발달한 과학 기술에 힘입어 저작물의 종류와 이용 형태가 복잡화하는 등의 변화하는 국내외적 현실에 대처하기에는 미흡한 데가 많았고, 문화 창달을 지향한다는 관점에서도 너무 낡았다는 것이 중론이었다. 이후 10년 이상 개정 작업을 거쳐 1986년 12월 저작권법 개정 법률안이 국회를 통과함으로써 1987년 7월 1일부터 시행되기에 이르렀다. 한편, 1985년 10월에 열린 한미통상협상에서 미국은 한국이 미국인의 지적재산권에 대한 보호를 철저하게 해 줄 것을 강력하게 요구하였고, 이에 한국은 1986년 7월 21일에 협상 합의의 형식으로 미국 측 요구를 수락하게 되어 마침내 저작권법 전면 개정과 함께 UCC에도 가입하지 않을 수 없게 되었다. 그 결과 1987년 10월 1일부터 UCC의 효력이 국내에 미치기 시작함으로써 국내의 지식산업계는 바야흐로 새로운 국면을 맞게 되었다.

그 후로도 변화의 물결이 거세짐으로써 법령을 재정비하지 않으면 안 되었다. 가장 큰 영향을 미친 것은 우루과이라운드(UR)의 타결이었다. 이렇게 국제적인 저작권 환경이 급변함에 따라 첨단 저작물에 대한 권리 침해의 문제가 계속 제기되었다. 따라서 국내법에도 개선의 손길이 미치게 된 것이다. 또한 우루과이라운드의 타결로 결성된 세계무역기구(WTO) 체제 내의 지식재산권에 관한 협정(TRIPs)이 1995년 1월 1일 발효되고, 국내에서는 1996년 1월 1일을 기해 발효됨에 따라 우리 저작권법과 WTO/TRIPs 사이의 모순을 제거하고 미국 등 선진국들과의 통상 협상에서 합의되었던 사항들을 반영하는 의미에서 외국 저작물의 소급 보호를 주요 내용으로 하는 법률 개정이 또다시 이루어지게 되었다. 아울러 인터넷의 보편화 등 신기술을 반영한 새로운 저작권법 개정안이 각각 국회를 통과하여 2000년 7월, 2005년 1월부터 효력을 발생하였으며, 2007년 6월 29일에는 전부개정된 새로운 저작권법이, 그리고 2009년 7월 31일에는 컴퓨터프로그램보호법과 통합 등을 통해 일부 개정된 저작권법이 발효됨으로써 새로운 저작권 환경을 구축하게 되었다.

그리고 이러한 저작권 환경의 변화는 여전히 현재진행형이다. 특히 2011년에는 6월 개정에 이어 12월에 또 개정법이 발효되었는데, 이는 유럽연합(EU) 및 미국과의 자유무역협정(FTA)이 연달아 비준됨에 따라 불가피한 조치였다. 먼저 '대한민국과 유럽연합 간의 자유무역협정'(한·EU FTA)이 국회의 동의를 얻어 비준됨에 따라 동 협정의 국내 이행을 위해 2011년 6월 개정된 저작권법의 주요 내용을 살펴보면 다음과 같다.(김기태, 2013, 11~12쪽)

• 저작권 보호기간을 저작자 사후 50년에서 70년으로 연장하고, 저작인접권자인 실연자·음반제작자 및 방송사업자의 권리추정 규정을 신설하였다.
• 공중의 접근이 가능한 장소에서 방송의 시청과 관련하여 입장료를 받는 경우에 한해 방송사업자의 공연권을 인정하고, 이용통제 기술적 보호조치에 더하여 접근통제 기술적 보호조치를 도입하였다.

- 현행법에서 권리 침해 행위로 간주되고 있는 기술적 보호조치 무력화 행위를 금지 행위로 규정하되, 암호 연구, 미성년 보호, 국가의 법 집행을 위해 필요한 경우 등 기술적 보호조치 무력화 행위 금지의 예외가 허용될 수 있도록 하였다.
- 온라인서비스제공자를 단순도관, 캐싱, 호스팅, 정보검색의 네 가지 유형으로 나누고, 각 유형별 면책 요건을 규정하였다.
- 개정안은 '대한민국과 유럽연합 간의 자유무역협정'의 국내 이행법률로 동 협정이 효력을 발생하는 날부터 시행하되, 저작권 보호기간의 연장은 사회에 미치는 영향을 최소화하기 위해 발효 후 2년이 되는 날부터 시행하기로 유예기간을 설정하였다.

한편, '대한민국과 미합중국 간의 자유무역협정(한·미 FTA)'의 국내 이행을 위해 2011년 12월 개정된 저작권법의 주요 내용은 다음과 같다.

- 디지털 환경에서 저작권자의 권리를 균형 있게 보호하기 위하여 일시적 저장을 복제의 범위에 명시하고 이에 대한 예외를 규정하였다.
- 저작물의 공정한 이용 제도를 도입하여 저작물의 통상적인 이용 방법과 충돌하지 아니하고 저작자의 정당한 이익을 부당하게 해치지 아니하는 경우에는 저작재산권자의 허락을 받지 아니하고 저작물을 이용할 수 있도록 하고, 그 판단의 기준을 규정하였다.
- 출판권과 프로그램배타적발행권의 경우에만 인정되고 있는 배타적 권리를 모든 저작물 등의 발행 및 복제·전송에 설정할 수 있도록 하고, 배타적발행권 설정에서 출판권 설정을 제외하여 배타적발행권과 출판권의 관계를 명확히 하였다.
- 저작권자의 권리 침해를 방지하기 위하여 위조 라벨의 유통, 영화 상영관 등에서 저작재산권자의 허락 없이 영상저작물을 녹화·공중송신하는 행위 및 방송 전 신호를 제3자에게 송신하는 행위 등 금지 행위를 규정하였다.
- 법정손해배상제도를 도입하여 실손해배상과 법정손해배상 중 하나를 선택적으로 청

구할 수 있도록 하고, 법정손해배상 청구 요건으로 사전에 등록하도록 규정하였다.

- 저작인접권 보호의 공평성을 회복하고, 관련 국제조약 규정을 충실하게 이행하기 위하여 1987년 7월 1일부터 1994년 6월 30일 사이에 발생한 저작인접권의 보호기간을 발생한 때의 다음 해부터 기산하여 50년간 존속하도록 하였다.

## 연구 내용과 범위

이 연구는 동양에 있어 저작권 제도와 사상이 어떻게 정착되었는지 살피기 위해 한국, 중국, 일본의 근대 문화사에 유입된 출판문화의 전개 양상을 살피는 데 중점을 두고 있다. 동양 문화사에 있어 새로운 사상이었던 저작권 제도가 정착된 과정을 분석하기 위해 먼저 근대 시기 출판문화를 다룬 문헌들을 고찰하였다. 특히, 기존 연구 성과들을 통해 중세 문화에서 근대 문화로 이행하는 과정의 문화사적 측면에 주목하는 한편, 동양 3국에 있어 저작권 관련 법제화의 배경을 고찰하고 비교하였다. 따라서 이 연구는 동양의 근대 시기에 있어 발흥한 출판문화를 중심으로 저작권 사상을 고찰한다는 측면에서는 사회과학으로서의 '출판학(publishing science)'의 범주에 속하지만, 저작권 제도의 법적 측면을 들여다본다는 측면에서는 법학(law)의 측면과 더불어, 인문학으로서의 역사학 중 문화사(cultural history) 연구 방법 등 학문 분야를 넘나드는 연구가 불가피하였다.

오늘날 매우 중요한 개념으로 문화산업 전 분야에 걸쳐 영향력을 발휘하고 있는 '저작권'에 관한 학제 간 연구가 미미한 현실에 비추어 볼 때, 선행 연구로서의 큰 의미를 지닐 수 있기를 바란다. 특히 저작권 사상의 등장 배경을 둘러싼 역사적 연구는 초보 단계조차 거치지 않은 채 법학 분야의 신개념 영역에서 논의되고 있을 뿐이다. 이 연구를 통해 법학뿐만 아니라 문화사 및 산업 이론의 영역으로 연구 범위가 확대될 수 있을 것이다.

또, 그동안 저작권에 관한 국제적 논의는 주로 서양의 관점에서 이루어져 왔으며, 특히 뉴 미디어의 등장에 따라 긴박하게 조율되어 온 측면이 강하였다. 이처럼 저작권 보호를 둘러싼 국제 규범의 역학 관계에 있어 소외되어 온 동양의 사상적 배경 및 문화적 입장을 분명하게 밝힘으로써 향후 새로운 규범 설정에 있어 서양 선진국과 더불어 능동적으로 논의할 수 있는 이론적 토대를 구축하는 데 기초 자료가 될 수 있을 것이다.

나아가 연구자는 문화 및 관련 산업의 향상 발전에 기여함을 목적으로 제정된 저작권법의 비교와 더불어 동양 3국의 근대 문화사와 저작권 사상의 정착 과정을 비교함으로써 앞으로 전개될 한·중, 한·일 자유무역협정(FTA) 시대에 대비한 지식재산권 분야의 사상적·이론적 토대를 구축하는 데 기여할 것으로 기대한다. 그리하여 동양 3국의 활발한 저작권 교류를 통한 한류의 확산 등 문화적, 경제적 이익의 확대가 지속적으로 이루어짐으로써 국부(國富)의 창출에도 기여할 수 있을 것이다.

끝으로, 이 연구는 역사학, 출판학, 법학이 고루 관여하는 학제 간 연구를 통해 진행함으로써 '저작권'의 본질에 다가가고자 하였다. 따라서 이 연구의 결과를 바탕으로 인류의 문화적·정신적 활동이 빚어낸 소산으로서 탄생한 창작물에 주어지는 고유 권리로서의 '저작권'에 관한 인식이 주로 '기술결정론'적 시각에 따라 운위되는 오늘날의 물질적 가치 기준에서 벗어나 진정한 인간 기본권의 범주에서 논의되는 '저작권' 개념으로 승화할 수 있기를 기대한다.

# 동양 저작권 사상의 문화사적 배경

제1장

# 1. 동양 근대 문화사의 특징

## 1) 한국의 근대 문화사

시대 구분에 있어 근대(近代, modern)라는 말은[1] 새로운 시대를 의미하는 로마자 'modernus·moderna'에서 유래한다. 이 말이 유럽에서 널리 사용된 것은 19세기에 이르러서였다. 이 용어는 일차적으로 문화사적 측면에서 르네상스 시기를 거치면서 이루어진 문화적 전환(via antiqua·via moderna)을 그 이전 시대와 구분하여 사용한 것이다. 여기에는 15세기 이래 지속적으로 이루어진 르네상스의 문화, 예술 변화와 스콜라 철학의 붕괴에 따른 새로운 철학적 조류, 수학적 세계관에 따른 산업혁명과 과학·기술혁명 등의 변화가 동시대적으로 일어나면서 초래된, 이제껏 보지 못했던 엄청난 변화를 총체적으로 담고 있다. 이처럼 근대란 말은 다의적으로 쓰인 개념이었다. 나아가 15세기 이래의 변화된 시대상을 철학적으로 성찰하고, 해체되는 보편성을 대체할 새로운 철학적 사유 체계를 제시하려는 노력이 모여 근대라는 새로운 시대정신을 형성하게 된다. 또한 이 근대성이 18세기 이래 정치와 사회, 문화와 경제, 학문 등 인간 삶의 전 영역에 걸쳐 구체적으로 실현된 체계가 이른바 계몽주의 근대이다.

또, 사전적 의미에서 '개화(開化)'[2]는 "사람의 지혜가 열려 새로운 사상, 문물, 제도 따위를 가지게 됨"을 뜻한다. 따라서 '개화'란 현 단계보다 좀 더 높은 문명화 단계에 도달하는 것을 가리키는 개념이다. 19세기 말 한국의 지식인들이 소망했던 문명개화는 곧 "서양식으로 근대화를 이룩하는 것, 달리 말하면

---

1) 이하 출처: 신승환(2003), http://terms.naver.com/entry.nhn?docId=1518415&cid=276&categoryId=1112 재인용.

오랜 역사와 더불어 지속되어 온 중국의 영향권에서 벗어나는 것"을 뜻하였다.(김욱동, 2010, 16쪽) 이러한 태도는 당시 발행된《독립신문》영문판에 실린 다음과 같은 논설에 잘 나타나 있다.

낡고 화석같이 된 한학(漢學)에 젖은 세대에 속하는 많은 사람이 다음다음 죽어 없어지고 국가의 과거보다도 장래를 더 많이 걱정하는 젊은 세대로 바뀌기 전에는 아무 일도 할 수 없다.[3]

삼국 시대 이후 줄곧 지식인과 권력층의 전유물로 전승되어 온 한학이 '낡은 화석'처럼 과거의 흔적만 남길 뿐 학문이나 가치 규범으로서는 이제 생명력을 잃었다는 통렬한 비판인 셈이다.《독립신문》이 지향한 '독립'은 곧 중국의 굴

독립신문 국문판, 영문판

독립신문 창간호

2) 이 용어의 뿌리를 캐어 들어가다 보면 중국의 두 고전 『역경(易經)』과 『예기(禮記)』를 만나게 된다. 앞 책의 격사전(繫辭傳)에서는 '개물성무(開物成務)'를 말하고, 뒤 책의 학기(學記)에서는 '화민성속(化民成俗)'을 말한다. 이 말을 하나로 합쳐 흔히 '개물화민(開物化民)'이라고 일컫는다. 이때 '개물화민'에는 모든 사물의 궁극을 밝혀 나날이 새롭게 하고 새로운 것으로써 백성을 변화시켜 풍속을 이룩한다는 뜻이 담겨 있다. 근대 계몽기 개화파가 지향하고 있던 개화의 개념은 이 '개물화민'과 깊이 연관되어 있다. 좀 더 구체적으로 말해서 '개물'이란 국내 자원을 개발하여 산업의 근대화를 이룩하는 것이며, '화민'이란 계몽과 교육을 수단으로 삼아 민중의 의식을 개발하고 지식의 근대화를 이룩하는 것이다. 김욱동(2010), 39쪽.
3)《독립신문》영문판 1897.5.11. 논설, 김욱동(2010), 17쪽에서 재인용.

레로부터의 독립, 유교나 유가(儒家) 전통으로부터의 독립이었던 것이다.

한편, 다음과 같은 글에서 볼 수 있는 것처럼 열강의 각축 속에서 근대화를 지향했던 당시 지식인들은 서양 문물에 대한 동경에 사로잡혀 있었던 것으로 보인다.(김욱동, 2010, 18~19쪽)

19세기 말엽 근대 계몽가들의 문명개화 사상은 그보다 십여 년 앞서 정치가이며 학자인 김윤식(金允植)이 주장한 동도서기론(東道西器論)과 비슷하다. 1880년 초 그는 동도, 즉 조선의 전통적인 제도와 사상은 그대로 지키되 서기, 즉 근대 서양의 과학 기술은 받아들이자고 주장하였다. 예로부터 문화에 대한 자긍심이 강한 동양에서는 서양 사람을 야만족으로 여겼고, 그들을 부를 때에도 서양 오랑캐라는 뜻으로 '양이(洋夷)'라는 용어를 사용하였다. 그러나 19세기에 들어서면서 동양보다 훨씬 더 발달된 물질문명을 갖춘 서양 세력이 동양으로 진출하기 시작하자 그들과 맞서 자신을 지키기 위해서라도 서양 문물을 받아들이지 않을 수 없었다. 그리하여 중국을 비롯한 일본과 조선 등 동양 세 나라에서는 전통문화는 그대로 유지하면서 동양보다 앞선 서양의 과학 기술을 수용하는 방법을 모색하게 되었다. 이보다 조금 앞서 김윤식이 제기한 동도서기론과 같은 맥락에서 중국에서는 중체서용론(中體西用論)을, 일본에서는 화혼양재론(和魂洋才論)을 부르짖었다.

또 역사학자 이광린은 저서『한국개화사연구(韓國開化史研究)』에서 1870년대부터 1900년대에 이르는 한국 개화사상을 세 단계로 나누어 살피고 있다.(이광린, 1999, 19쪽)

이처럼 구한말에 있어서 개화사상(開化思想)은 한국 사회를 지배하였으나, 사상의 내용을 따져 보면 적어도 삼 단계로 변천 발전하였던 것 같다. 우선 첫 단계는

1870년대로서 '개화(開化)'는 '개국(開國)'과 같은 개념으로 사용되고 해외에 대한 지식을 가져야 된다는 것이 개화사상으로 간주되었으며, 둘째 단계는 1880년대로 소위 외국 기술(外國技術)을 받아들이어 나라의 부강(富强)을 이룩해 보겠다는 사상이었다. 마지막 셋째 단계는 1890년대와 1900년대로 국가의 독립[국권(國權)]과 국민의 권리[민권(民權)]를 주장하였다. 독립협회(獨立協會)의 활동과 같은 것이 가장 두드러진 개화사상의 발로였다. 그러므로 개화사상은 개념적으로 단일하게 파악될 수 있는 성질의 것이 아님을 알 것이다.

한편, 개화당(開化黨)[4]을 조직하여 조선의 근대화를 꾀하고자 했던 김옥균(金玉均, 1851~1894)을 비롯한 개화파 청년 귀족들[5]은 1884년 근대 국가 수립을 목표로 수구 정권을 타도하기 위한 쿠데타로서의 '갑신정변(甲申政變)[6]'을 일으켰다. 당시 청나라와 일본 양국의 노골적인 내정 간섭이 심화되는 가운데,

---

4) 1874년(고종 11)경부터 김옥균·박영교(朴泳教)·박영효(朴泳孝)·서광범(徐光範) 등이 중심이 되어 개화 정책을 추구한 정치 집단. 개화당이 형성된 계기는 1870년 전후로 김옥균 등이 박규수(朴珪壽)의 사랑방에서, 조선 후기 실학사상과 오경석(吳慶錫)·박규수·유홍기(劉鴻基) 등의 개화사상과 중국에서 들어온 신서(新書)들을 공부하기 시작함으로써 이루어졌다.

5) 개화당의 형성과 발전 과정에 참여한 구성원의 신분은 양반·중인·군인·평민·승려·상인 등 각계각층의 출신이었다고 볼 수 있다. 그러나 김옥균·박영교·박영효·홍영식(洪英植)·서광범 등 개화당의 최고 지도부는 당시 최고위 양반 출신의 영민한 청년들이었다. 김옥균은 안동 김씨로 부사 병기(炳基)의 양자이며 선택받은 재사로서 정계가 촉망하는 신진 양반 관료였다. 박영교와 박영효는 판서 원양(元陽)의 아들로서, 특히 박영효는 영혜옹주(永惠翁主)를 취하여 철종의 부마가 되어 정1품 금릉위(錦陵尉)에 봉해져 있었다. 서광범은 영의정 용보(龍輔)의 증손이며 참판 상익(相翊)의 아들로 문과에 급제하여 장래를 촉망받고 있었다. 개화당의 최고 지도부가 이와 같이 최고위 양반 출신으로 구성된 것은 일찍이 오경석·유홍기·박규수 등 개화사상의 선각자들이 나라를 구할 혁신 세력을 서울 북촌(양반촌)의 영민한 양반 자제들 중에서 선발하여 개화 세력을 교육하고 급속히 육성한 데서 기인한 것으로, 개화당 형성의 특징의 하나가 된 것이었다.
출처: 한국민족문화대백과(http://terms.naver.com/entry.nhn?docId=565935&cid=1593&categoryId=1593)

6) 1882~1884년경 조선의 사회정치세력은 ① 급진개화파(개화당), ② 온건개화파, ③ 민비수구파, ④ 대원군수구파, ⑤ 위정척사파 등 5대 세력으로 분화되어 있었다. 1884년의 갑신정변은 5대 세력 중에서 급진개화파가 청국과 결탁한 민비수구파에 대항하여 일으킨 정치 투쟁이었다.

우선 권력부터 잡고 그다음에 위로부터의 개혁과 근
대화를 추진하는 '변법자강(變法自疆)[7]'을 목표로 한
정변이었다. 하지만 개화당은 정변을 성공시키고자,
청나라와는 대립하는 한편 조선에 세력을 확장하고자
했던 일본의 군사력을 빌림으로써 정변은 결과적으로
3일 만에 실패로 끝나고 말았다. 갑신정변의 실패 원
인으로는 ① 청군의 불법적인 궁궐 침범과 군사적 공

김옥균

격, ② 개화당의 일본군 차병(借兵)의 실책과 일본군의 배신적 철병, ③ 개화 정
책을 지지할 사회 계층으로서의 시민층의 미성숙, ④ 민중의 지지 결여, ⑤ 개
화당의 민비와 청군의 연락에 대한 감시의 소홀과 정변 수행 기술의 미숙 등을
들 수 있다.[8]

　원래 개화당이 정치 세력화할 수 있었던 것은 급변하는 정세 때문이었다.
1876년 부산을 필두로 원산(1880년)·인천(1883년) 등이 개항되어 외국과의 통
상 교섭이 본격적으로 시작되자 조선 왕조 정부는 세계의 정세를 잘 아는 신지
식을 가진 개화 관료들을 필요로 하게 되었다. 이에 따라 개화당 인사들은 정부
조직에 중견 관료로 진출하여 국왕과 다른 최고위 관료들을 움직여 가면서 자
주 부강한 근대 국가 건설과 개혁을 위한 개화 정책을 추진하게 되었다. 개화
정책 중 대표적인 것을 들면 다음과 같다.

　① 신식 행정관서로서 통리기무아문(統理機務衙門)[9]의 설치(1880년)

---

7) 법과 제도를 변혁시켜 스스로 강대국이 된다는 뜻.

8) 출처: 한국민족문화대백과(http://terms.naver.com/entry.nhn?docId=565194&cid=1593&categoryId=1593)

9) 1880년(고종 17) 12월 21일 변화하는 국내외 정세에 대응하기 위해 국내외의 군국기무(軍國機務)를 총괄하는 업무
　　를 관장하던 정1품아문(正一品衙門) 관청.

② 일본 국정시찰단(신사유람단)의 파견
(1881년)

③ 영선사(領選使: 병기학습 유학생 사절
단)[10]의 파견(1881년)

④ 신식 육군(陸軍)의 창설(1881년)

⑤ 기무처(機務處)[11]의 설치(1882년)

⑥ 감생청(減省廳)[12]의 설치(1882년)

⑦ 대외 균세 정책의 실시(1882년)

⑧ 해방책(海防策)의 수립(1882년)

⑨ 보빙사(報聘使)[13]의 파견(1883년)

⑩ 해관(海關)[14]의 설치(1883년)

⑪ 최초의 근대 학교인 원산학사(元山學舍)의 설립(1883년)

원산학사(위), 별기군(아래)

---

10) 조선 말기 개화기에 중국의 선진 문물을 견학하기 위해 젊은 유학생들을 거느리고 건너가 청나라의 무기제조법
등을 배워오고, 미국과의 수교 문제(聯美論)에 관하여 사전 조율하기 위해 중국을 다녀온 사신.

11) 고종이 제도 개혁을 추진하기 위해 1882년 11월에 임시로 세운 관청.

12) 흥선대원군 하야 이후 외국과의 접촉으로 새로운 문물제도가 도입되자, 1882년(고종 19) 10월 19일 정부의 불필
요한 기구 축소와 관원 감축을 통한 국가의 재정 절감을 위해 설치된 임시 관청.

13) 1882년 조미수호통상조약의 체결 후 이듬해 공사 푸트(L. H. Foote)가 내한하자 이에 대한 답례와 양국간 친선
을 위하여 사절을 파견하였다. 구성원은 전권대신 민영익(閔泳翊), 부대신 홍영식(洪英植), 종사관 서광범(徐光範),
수행원 유길준(兪吉濬)·고영철(高永喆)·변수(邊燧)·현흥택(玄興澤)·최경석(崔景錫) 등과 중국인 우리탕(吳禮堂), 일
본인 미야오카(宮岡恒次郎), 미국인 로웰(P. Lowell) 등 모두 11인이었다. 7월 26일 인천을 출발하여 일본을 거쳐
9월 18일 미국 대통령 아서(C. A. Arthur)를 접견하고 국서와 신임장을 제출하였다. 그 뒤 40여 일 동안의 미국 거
류 기간 중에 외국박람회·공업제조회관·병원·신문사·조선공장·육군사관학교 등을 방문 시찰하였고, 미국 정
치와 농사 개량에 대한 지식도 배웠다. 귀국 때 홍영식 등은 태평양을 거쳐 바로 귀환하였으나, 민영익·서광범·
변수는 유럽을 거쳐 서구의 신문물을 직접 관찰하였다. 그러나 유길준은 미국에 남아 갑신정변의 발발 때까지
유학하였다. 보빙사가 받아들인 신문물은 그 뒤의 신식 우편제도 창시, 육영공원 설치에 영향을 미쳤고, 특히 농
무목축시험장과 경작 기계의 제작, 수입 등 농업 기술의 연구에도 기여한 바가 컸다.
출처: 한국민족문화대백과(http://terms.naver.com/entry.nhn?docId=576630&cid=1593&categoryId=1593)

14) 조선 말기 개항 후에 창설된 관세행정기구로서 오늘날의 세관(稅關)과 유사한 기구.

⑫ 최초의 영어 학교인 동문학(同門學)의 설립(1883년)

⑬ 최초의 근대 신문인 ≪한성순보(漢城旬報)≫의 창간
　(1883년)

⑭ 근대 우편제도의 창설(1883년)

⑮ 치도국(治道局)의 설치와 서울 시내의 도로 확장 정리

한성순보

　그 밖에도 서울 시내의 근대 경찰제도의 창설(1883
년), 복식 제도의 개혁(1883년), 해외 유학생의 파견
(1881~1884년), 농무목축(農務牧畜) 시험장의 설치(1884년), 26개 근대 상공업
기업체의 설립(1881~1884년) 등이 있었다.

　그러나 개화당이 일본에 의존함으로써 민중의 지지를 얻지 못해 정변에 실
패하고, 한편에서는 주자학의 정통성을 주장하며 근대화 자체에 반대하던 위정
척사파(衛正斥邪派)가 근대적 통일 국가를 수립하려는 정치 세력의 결집을 방
해하고 있었다.(나카쓰카 아키라, 성해준 옮김, 2005, 65쪽) 그리고 일본이 침략
야욕을 노골화하면서 조선의 근대화는 또 다른 국면으로 치닫고 있었다.

　한편, 이 같은 개화파의 노력은 1894년의 갑오개혁(甲午改革)[15]으로 이어진
다. 이후 약 19개월 동안 지속되었던 갑오개혁은 소기의 성과를 거두지 못하고
결국에는 실패로 끝나고 말았다.

갑오개혁을 평가함에 있어 이를
완전히 일본의 정치적 개입에 의
한 타율적 개혁으로 보는 견해,
그리고 일본 세력이 배후에서 작
용하였으나 궁극적으로는 조선의
개화파 관료들이 주도한 제한된

서울로 압송되는 동학농민운동 지도자 전봉준

독립협회 독립관에 모인 사람들

김홍집

의미에서의 자율적 개혁으로 보는 견해가 있다. 그러나 통시적으로 볼 때, 갑오개혁은 멀리 실학(實學)에서부터 갑신정변과 동학농민운동에 이르는 조선 시대의 여러 가지 개혁 요구 및 운동을 배경으로 하여 반청·독립 정신을 가진 친일개화파 관료들이 추진한 개혁으로 보아야 한다는 견해도 있다(한국민족문화대백과).

따라서 갑오개혁은 조선 사회에 있어서 근대적인 개혁에의 내재적 지향을 반영한 획기적인 개혁으로서, 일본의 메이지유신(明治維新)이나 청말(淸末)의 무술변법(戊戌變法)[16]에 대비되는 한국 근대화의 중요한 역사적 기점이었다. 그러나 갑오개혁은 그 시의성(時宜性)과 당위성에도 불구하고 추진 세력이 일본의 무력에 의존하였다는 제약

---

15) 갑오경장(甲午更張)이라고도 한다. 1894년 봄 호남에서 동학농민운동이 일어났다. 농민들은 폐정개혁(弊政改革)을 조건으로 내세워 전라도를 휩쓸고 전주성(全州城)을 점거하였다. 이어 동학농민군과 정부군과의 강화가 성립되었으나 민씨 정권이 6월 초에 청나라에 대하여 파병을 요청한 것이 발단이 되어, 일본도 조선에 군대를 파견하게 되었다. 청일 두 나라 군대가 아산과 인천에 몰려오는 가운데 서울에서 일본 공사 오토리(大鳥圭介)는 내정개혁안을 제시하고, 또 7월 23일에는 일본군이 궁중에 난입하여, 친청(親淸) 민씨 정권을 타도하고 흥선대원군을 영입하여 신정권을 수립하였다. 그 뒤 7월 27일 개혁추진기구로서 군국기무처(軍國機務處)가 설치되고, 영의정 김홍집(金弘集)이 회의총재(會議總裁)에, 그리고 박정양(朴定陽)·김윤식(金允植)·조희연(趙羲淵)·김가진(金嘉鎭)·안경수(安駉壽)·김학우(金鶴羽)·유길준 등 17명이 의원에 임명되어 내정개혁을 단행하게 하였다. 그 뒤 개혁 운동은 3차로 나뉘어 추진되었다. 을미사변을 계기로 추진된(1895년 8월~1896년 2월) 제3차 개혁을 따로 분리하여 '을미개혁'이라고 부른다.

출처: 한국민족문화대백과(http://terms.naver.com/entry.nhn?docId=581994&cid=1593&categoryId=1593)

16) 청일전쟁 패배 이후 절충적 개혁인 양무운동의 한계를 느끼고 캉유웨이(康有爲), 량치차오(梁啓超) 등이 중심이 되어 정치, 교육, 법 등 청나라 사회 전반의 제도들을 근본적으로 개혁하고자 한 운동. 변법자강운동(變法自彊運動)이라고도 한다.

성 때문에, 반일·반침략을 우선으로 여겼던 국민들의 반발에 부딪혀 좌절되었
다. 하지만 이러한 갑오개혁의 정신은 독립협회 운동과 계몽 운동으로 이어져
한국의 근대화에 기여하였다.

## 2) 중국의 근대 문화사

중국에서의 서양 문화 수용 과정은 여러 차례의 크고 작은 전쟁으로 점철되어
있다.[17] 아편전쟁(阿片戰爭)[18] 이전, 특히
명나라 말기 서양 선교사에 의해 전래된
서양 과학(西學)은 내용과 범위도 한정되
어 있었고 그것을 받아들이는 중국인들의
태도에도 한계가 있었다. 우선 뿌리 깊은
중화 의식(中華意識), 문화적 우월감 등이
열린 태도로 서학을 수용하는 것을 방해

아편전쟁

---

17) 이하의 내용은 〈양수명 『동서문화와 철학』(해제), 강중기, 2006, 서울대학교 철학사상연구소〉(http://
terms.naver.com/entry.nhn?docId=994582&cid=275&categoryId=1105 재인용) 참조.

18) 1840~1842년 아편 문제를 둘러싸고 청나라와 영국 사이에 일어난 전쟁. 영국이 중국에 진출하는 시발점이 되
었다. 영국은 동인도회사(東印度會社)를 통해 중국으로부터 비단과 중국 차(홍차)를 수입하는 반면, 약간의 모직물
과 향료 등을 수출했다. 18세기 말 영국 정부가 차의 수입세를 내리면서부터 국민 사이에 차를 마시는 풍습이 널
리 퍼져 중국 차의 수입이 크게 늘어나게 됨에 따라 중국에 대한 심한 수입 초과 현상이 빚어지고 영국의 은이 대
량 중국으로 흘러들어 갔다. 이러한 상태를 개선하기 위해 영국 정부는 1832년까지 중국 무역의 독점권을 갖고
있는 동인도회사를 통해 인도산 아편을 중국으로 대량 밀수하게 했다. 19세기에 접어들자 밀수 아편의 양이 급
증함에 따라 종전과는 반대로 청나라의 은이 대량 유출됨으로써 화폐 유통과 재정에 파괴적인 영향을 미쳤을 뿐
만 아니라, 아편 중독의 폐해가 엄청나게 나타났다. 이에 청조에서는 강경한 아편 금지론자인 린저쉬(林則徐)를
흠차대신(欽差大臣)으로 광둥(廣東)에 보내, 대량의 아편을 몰수하여 소각했다. 이에 대해 영국은 내외의 격렬한
비난을 무릅쓰고 중국에 대해 개전, 무력으로 청군을 격파하고 1842년 난징(南京)조약을 강요, 중국을 반식민지
로 만드는 길을 열었다. 이로써 중국은 전후의 막대한 배상금 지불, 아편 거래에 의한 은의 유출, 외국 공산품에
의한 국내 산업의 피폐 등을 불러 봉건 사회의 기초가 뒤흔들리는 결과를 가져왔다.

출처: 한국근현대사사전(http://terms.naver.com/entry.nhn?docId=919447&cid=796&categoryId=1545)

하였다. 마치 인도 불교가 처음 전래되었을 때 '격의불교(格義佛教)'[19]라는 방식으로 변용해서 수용하였던 것처럼 자기 중심적인 이해에 기초하여 부분적으로 수용하고, 도기론(道器論)에 근거하여 '기괴하고 사악한 기교'(奇技淫巧)라 폄하하였다. 그나마 건륭(乾隆) 22년(1757) 이후에는 정부가 폐관쇄국 정책을 취함으로써 공식적으로는 서학의 수용이 중단된다.

아편전쟁 패배 이후 일어난 자강운동은 서양 문명에 대한 새로운 인식과 그것을 토대로 한, 근대에 들어 서양 문명을 수용하려는 노력의 초기적 형태이다. 이 운동은 '오랑캐의 장기를 배워 오랑캐를 제어한다(師夷之長技以制夷)'는 린저쉬(林則徐, 임칙서), 웨이위안(魏源, 위원) 등의 주장에 입각한 것이었다. 여기서 수용 대상이 된 서양 문명은 주로 군사 기술이었다. 태평천국(太平天國)의 난[20]을 진압한 후 진행된 양무운동(洋務運動)[21]은 린저쉬, 웨이위안 등의 주장에

---

19) 외국에서 전래된 타 종교(他宗教)에 그 의미를 붙여서 해석하는 것을 가리켜 '격의'라고 한다. 곧, 중국 위진(魏晉)시대에 노장(老莊) 사상이 성행했으며, 불교 반야(般若)의 공리(空理)를 설명하는데 양자를 비교·유추(類推)하여 설명했던 편의적(便宜的)인 해석법을 말한다. 과도적(過渡的)인 학풍(學風)이었으므로 불학(佛學)을 전공할 것을 역설한 부진(符秦)의 도안(道安) 때부터 차차 배척되기에 이르렀다. 중국에서 불교 수용의 초기 단계에, 인도 불교의 원전에 따라서 직접 그 원뜻을 연구하는 것이 아니라 독자적인 문화 기반을 가진 전혀 이종의 언어 체계로 변환된 한역 불전에 전면적으로 의거하며, 사상 유형이 다른 중국 고전과의 대비에서 불교를 이해하려는 것을 '격의불교'라고 한다.

출처: 종교학대사전(http://terms.naver.com/entry.nhn?docId=628552&cid=99&categoryId=1885)

20) 아편전쟁 이후 쇠퇴기에 들어선 청조(淸朝)에 대해 광둥(廣東)의 기독교도 홍시우췐(洪秀全, 1813~1864) 등이 중심이 되어 일으킨 중국 혁명운동. 1851년 홍시우췐이 이끄는 상제회(上帝會)는 사상·종교·정치·사회 전반의 개혁을 요구하며 광시(廣西)성에서 봉기, 국호를 '태평천국'이라 정하고, 멸만흥한(滅滿興漢)의 기치와 함께 토지 균분·조세 경감·남녀평등 등을 구호로 내걸었다. 이러한 주장에 대해 빈농을 비롯하여 아편전쟁 후의 실업자·해산병 등 민중은 커다란 지지와 협력을 보냈으며, 이들을 포함한 수십만의 태평군(太平軍)은 1853년 난징(南京)을 점령하여 수도(天京)로 정하고 신국가의 건설에 착수하는 등 급속한 발전을 보였다. 그러나 치명적인 내분을 겪는 가운데, 쩡궈펀(曾國藩, 증국번)·리훙장(李鴻章, 이홍장)의 반혁명 의용군과 영국 장군 고든(C. G. Gordon)이 이끄는 상승군(常勝軍)의 반격을 받아 1864년 난징을 빼앗기고 홍시우췐이 자살함으로써 14년에 걸친 태평천국은 멸망하고 말았다. 태평천국의 난을 일으킨 농민의 광범한 투쟁은 근대 중국에 있어 농민전쟁의 출발점이 되었으며, 또 한(漢) 민족주의는 쑨원(孫文, 손문) 등 동맹회의 혁명운동으로 이어졌다.

출처: 한국근현대사사전(http://terms.naver.com/entry.nhn?docId=919448&cid=796&categoryId=1545)

태평천국의 난

태평천국의 난을 일으킨 훙시우첸

등장하는 '오랑캐의 장기 배우기(師夷之長技)'를 실천하려는 운동이라고 할 수 있다. 상황의 변화에 상응하여, 수용 대상이 된 서양 문명의 범위가 군사 기술을 넘어 공업 일반으로 확대되었다. 이처럼 양무운동에서 서양 문물의 수용을 주장하는 이론적 토대는 중체서용론(中體西用論)[22]이었다.

양무운동을 통해 추진된 서양 상공업의 도입 노력은 청일전쟁의 패배로 인

---

21) 1861년부터 1894년까지 중국 청(淸)나라에서 진행된 자강(自强)운동이다. '양무(洋務)'란 다른 나라와의 외교 교섭에 관한 사무를 뜻하는 말이지만, 넓게는 서양의 문물과 기술을 받아들인다는 뜻으로 쓰였다. 따라서 양무운동이란 서양의 문물을 받아들여 군사적 자강과 경제적 부강을 이루려 했던 여러 정책들과 사회적 변동들을 나타낸다. 청의 동치제(同治帝, 1856~1874) 때 시작해 광서제(光緖帝, 1871~1908) 재임기까지 전개되어 이를 동치중흥(同治中興), 동광신정(同光新政)이라고도 하며, 일부 학자들은 자강운동(自强運動), 자강신정(自强新政) 등의 명칭으로 나타내기도 한다. 초기에는 군사력 증강을 위해 군수 공업의 육성에 중점을 두고 전개되었지만, 1870년대 이후에는 광공업이나 교육 등 다른 부문까지 근대적 개혁이 확산되었다. 청은 양무운동 기간 중에 나타난 대만사건(1874), 청프전쟁(1884~1885), 청일전쟁(1894)에서 모두 일본과 프랑스에게 패배해 류큐(琉球, 지금의 오키나와), 베트남, 조선의 종주권을 잃었다. 이들 전쟁에서의 패배는 자강을 일차적 목표로 한 양무운동의 실패로 여겨졌고, 양무운동은 산업과 기술만이 아니라 정치·사회 제도의 근본적 개혁까지 이루어야 한다는 변법자강운동에 자리를 내주었다.
출처: 두산백과(http://terms.naver.com/entry.nhn?docId=1124243&cid=40942&categoryId=31787)

22) 태평천국의 난 이후 외국 열강의 침입에 대한 대응책으로서 쳉쿼펀·리훙장·주오종탕(左宗棠, 좌종당) 등이 주도한 양무운동의 기본 사상. 중국의 전통적 유교 도덕을 중심으로 하여 서양의 과학 기술과 그 성과를 도입, 강화해 가는 것으로서 "중국의 학문을 체(體)로 하고 서양의 학문을 용(用)으로 한다"는 것이 '중체서용론'이다. 청일전쟁이 그 빛을 잃은 이후에도 장즈퉁(張之洞, 장지동)은 양무운동을 전개하여 당시 변법유신운동(變法維新運動)을 비판한 〈권학편(勸學篇)〉에서 '중체서용론'을 내세워 국민에게 강한 이념을 심어 주었다.
출처: 두산백과(http://terms.naver.com/entry.nhn?docId=1143764&cid=40942&categoryId=31481)

해 반성이 야기되어 정치 체제, 정치 제도를 수용하려는 방향으로 전환된다. 그것은 일본이 메이지유신을 통해 부국강병을 이룸으로써 전쟁에서 승리할 수 있었다는 인식에 기초하여 정치 개혁을 추진하는 변법유신운동으로 나타난다. 변법운동에서 추진된 정치 개혁은 입헌공화국인 중화민국을 성립시킨 신해혁명(辛亥革命)[23]에 이르러 일단락된 것으로 여겨졌다. 그러나 신해혁명은 오래지 않아 위안스카이(袁世凱, 1859~1916)의 왕정 복벽(復辟)이라는 상징적 사건이 보여 주듯 사실상의 실패를 선언하게 된다.

신해혁명의 실패는 당시 혁명 주체 세력이 실질적으로 미약하였던 사회 세력의 역학 관계에 따른 필연적인 결과였다. 그러나 대부분의 지식인들은 신해

혁명의 실패에서 정치 개혁의 한계를 절감하고, 보다 근원적이고 근본적인 차원에서 문화 문제에 주목하게 된다. 이는 정치 체제는 바뀌었으나 사람들의 태도는 근대 이전과 달라지지 않았기 때문에 신해혁명이 실패하였다는 반성적인 인식에 따른 것이다. 문화 문제에 대한 논의에서 전통문화를 비판하고 서양 문화의 전면

위안스카이

신해혁명을 이끌었던 고관들

신해혁명 당시 상하이 시내

23) 1911년(辛亥年)에 일어난 중국의 민주주의 혁명으로 청나라를 멸망시키고 쑨원을 대총통으로 하는 중화민국이 탄생하였다.

적 수용을 주장한 것이 천두슈(陳獨秀, 진독수), 리다지오(李大釗, 이대교), 후스(胡適, 호적) 등을 중심으로 한 이른바 서화파(西化派)이다.

이들은 "공자학파의 상점을 타도하자"는 뜻의 '타도공가점(打倒孔家店)'이란 슬로건 아래 전통문화, 특히 전통 윤리도덕에 대해 신랄한 비판을 가하고 서양 문물의 전면적인 수용만이 중국이 서세동점(西勢東漸)으로 야기된 곤경에서 벗어나는 길이라 하여 '전반서화론(全般西化論)'을 주장하기 시작하였다. 이들이 주장한 전반서화론은 서양 문화(주로 근대 서양 문화)를 기준으로 하는, 서양 중심주의적인 역사문화관에 입각한 것이었다. 이것은 신문화운동에 대립하는 보수적 반응에서도 공통적으로 확인할 수 있는 일종의 시대적 흐름이었다.

신문화운동과 현대 신유학은 동시대에 발생한 사조로서 시대적 특성을 공유하고 있었다. 그것은 위에서 서술한 중국 근대사에서 문화 문제에 주목하게 되는 과정과 연관된 것으로서, 핵심은 서세동점으로 야기된 당시 중국의 위기가 본질적으로 문화적 위기라고 보는 시각의 공유였다. 아울러 보수주의, 자유주의, 급진주의라는 세 가지 사조가 대체로 동시에 출현한다는 사실은 그것들이 많은 부분에 걸쳐 공통 관념을 가진 동일한 구조 안에서 운용됨을 설명해 주는 것이 아닐 수 없다.(史華慈, 1980)

한편, 5·4 신문화운동[24] 시기 전체 사상계에 존재하는 하나의 공통 관념은 문화결정론 사상이었다. 그것은 5·4 시기 중국 지식인의 공통된 인식이었다.(鄭家棟, 1991, 2~9쪽 참조) 이처럼 19세기 말에서 20세기 초반 중국의 반전통주의자들에게 공통된 신념이 있었는데, 그것은 부패하고 낙후된 중국을 진흥시키려면 중국인의 세계관을 철저히 전환시키고 중국인의 의식을 완전히 재건

---

24) 1917~1921년에 유교적이고 봉건적인 중국의 제도와 문화에 반대하여 일어난 계몽 운동. 천두슈, 후스, 루쉰(魯迅, 노신) 등이 《신청년》이라는 잡지를 통하여 백화운동을 벌이고, 민주주의와 과학을 표방하는 신문화의 수립과 근대화를 추진하였다. 루쉰은 〈아Q정전〉과 같은 소설을 발표하였다.

하는 데서 착수해야 한다는 것이었다. 이를 "사상문화를 빌려 문제를 해결하려는 노선"이라고 부르기도 하였다.(林毓生, 이병주 譯, 1990, 42~77쪽 참조)

## 3) 일본의 근대 문화사

1844년 네덜란드 왕 빌럼 2세는 일본의 쇼군(将軍)에게 편지를 보내, 급변하는 세계정세 속에서 일본의 쇄국 정책 유지는 현명하지 못하며 따라서 지지할 수 없다고 경고했다. 실제로 이미 증기선과 항해술의 발달로 서양 제국의 함선들은 세계 어디라도 쉽게 항해할 수 있었다. 중국은 이미 아편전쟁에서 영국에게 군사적 패배를 경험하고 있었다. 이러한 정세 변화를 간파한 일본은 메이지(明治) 시대에 들어서자 에도(江戸)[25] 시대부터 취해 왔던 쇄국 정책의 빗장을 벗어던지고, 서양 문물을 과감하게 받아들이기 시작하였다.

이처럼 19세기 중반은 선진 자본주의 열강이 제국주의로 이행하기 직전의 시기로, 동양에서는 일본이 가장 먼저 그 영향을 받게 되었다. 우선 1853년 미국의 동인도 함대가 미국 대통령의 개국(開國) 요구서를 가지고 일본에 도착하게 되는데, 이를 계기로 1854년 미·일 화친조약에 이어 1858년에는 미국을 비롯하여 영국·러시아·네덜란드·프랑스와 통상조약을 체결하였다. 그러나 이렇게 체결된 조약은 칙허(勅許) 없이 처리한 막부(幕府)[26]의 독단적 처사였으

동인도 함대

---

25) 메이지유신 당시 에도는 동쪽의 수도라는 뜻의 도쿄(東京)로 이름을 바꾸었다.

므로 반막부 세력이 등장하여 막부와 대립하는 혼란기를 맞이하게 된다. 하지만 1866년에 이르게 되면 막부가 반막부 세력에 패배함으로써 1867년에 왕정복고가 이루어지게 되고 이를 계기로 천황제의 기틀이 다져지게 된다. 이렇게 해서 등장한 메이지 정부는 학제를 비롯한 일련의 개혁을 추진하고, 부국강병의 기치 아래 서양 근대 국가를 모델로 삼아 관(官) 주도의 일방적 자본주의 육성과 군사력 강화를 추진하게 된다.

이러한 노력으로 일본은 근대적 통일 국가를 형성하게 되었거니와, 경제적으로는 자본주의를, 정치적으로는 입헌 정치를, 사회·문화적으로는 본격적인 근대화를 추진할 수 있었다. 하지만 국제적으로는 제국주의 국가로 탈바꿈하여 천황제적 절대주의를 국가 구조의 전 분야에 실현시킴과 동시에 서양에 대한 굴종적 태도와는 달리 아시아 여러 나라에 대해서는 강압적·침략적 태도를 견지하기 시작하였으며, 그 결과 1894년 청일전쟁, 1904년 러일전쟁 도발에 이어 무력으로 대한제국을 병합하기에 이르렀던 것이다.

특히, 1867년 15세의 나이로 황위(皇位)에 오른 메이지 천황(1852~1912)의 이름을 딴 메이지유신은 일본의 통치 계급인 무사층 가운데 개명한 젊은 지사(志士)들에 의하여 촉발된 위로부터의 정치적 혁명이었다. 이들은 '복고(復古)'를 외쳤는데, 유신 직후에는 특히 본래 8세기 다이호(大寶) 율령[27]에

메이지 천황

---

26) 12세기에서 19세기까지 쇼군을 중심으로 한 일본의 무사 정권을 지칭하는 말. 초기에는 군사지휘본부라는 의미였으나 군사령관인 쇼군이 실질적인 국가의 통치자가 되고 그의 본부가 정치, 행정, 경제권을 장악하게 되면서 정부라는 뜻으로도 쓰이기 시작했다. 19세기 후반 메이지유신으로 인해 사라졌다. 일본의 역사에는 크게 세 개의 막부(가마쿠라 막부, 무로마치 막부, 도쿠가와 막부)가 있었다. 출처: 네이버 백과사전.

서 비롯된 고대 왕정 제도의 일시적 복귀를 통해 과거의 정신과 제도 따위를 복원하고자 하는 성급한 열정에 들떠 있었다.(폴 발리, 박규태 옮김, 2011, 376~377쪽) 그러나 메이지 신정부의 지도자들은 미래 지향적 인물들이었다. 일본에게 강제로 불평등 조약을 맺게 한 서양에 대하여 부정적 시각을 가졌음에도 불구하고 메이지 정부의 지도자들은 대체로 물질적 측면에서 서양의 우월성을 존중하면서 근대화를 이룩함으로써 서양을 모방하고 뒤따르고자 한 실용주의적 인물들이었다. 그리고 그들은 자신들의 정책을 나타내는 슬로건으로 중국의 법가 사상(法家思想)에서 따온 '부국강병(富國强兵)'을 채택하였다. 그리하여 일본은 군사적 강화를 일차적 목표로 삼으면서 근대화를 통한 부국을 지향했던 것이다.

당시 일본이 메이지유신 직후부터 서양식 근대화를 받아들인 방법은 다음과 같이 네 가지로 요약할 수 있다.(마루야마 마사오·가토 슈이치, 임성모 역, 2000, 25쪽 참조)

첫째, 메이지 정책 입안자들은 외국인 교사를 초빙하여 서양 문물을 직접 가르치게 하였다. 외국인 교관들이 처음에는 일본 군대를 서양식으로 근대화시켰고, 그 뒤를 이어 곧 외국인 교수들이 제국대학에서 서양 학문을 가르치며 보급하였다.[28]

둘째, 메이지 정부에서는 일본 유학생들을 선진 외국에 보내어 그들의 학문을 배우게 했다. 정부에서는 미국을 비롯한 유럽 여러 나라로 많은 유학생들을 보냈다.[29]

---

27) 8세기 초반에 제정된 일본의 율령. 당나라의 영휘 율령(永徽律令, 651년 제정)을 참고한 것으로 여겨지는 일본 역사상 최초의 본격적인 율령으로, 이 율령의 반포 및 시행으로 고대 일본은 본격적인 율령제 국가로 들어서게 되었다. 다이호 율령은 일본의 국내 사정에 합치되는 율령 정치를 실현하기 위한 목적으로 편찬되었다. 형법에 해당하는 6권의 율(律)은 당나라의 것을, 행정법과 민법에 해당하는 11권의 령(令)은 당나라의 것을 모방하면서도 일본 사회의 실정에 따라 고쳐서 적용하였다. 이 율령의 제정으로 일본 천황을 정점으로 2관 8성의 관료 기구를 기본 골격으로 하는 본격적인 중앙집권 통치 체제가 성립되었다. 위키백과 참조.

셋째, 서양 문물을 직접 눈으로 보고 익힐 수 있도록 사찰단을 외국에 파견하였다. 1871년 일본 과도 정부는 이와쿠라 도모미(岩倉具視, 1825~1883)를 특명전권대사로 임명하여 사절단을 미국과 유럽 여러 나라에 파견하였다. 네덜란드 선교사 '귀도 베르텍' 이 러시아의 표트르 대제가 서유럽으로 보낸 대사절단에 착안하여 제안한 것으로 알려져 있다.

이와쿠라 도모미

넷째, 일본 정부에서는 외국의 중요한 문헌을 폭넓게 수집하여 일본어로 번역하기 시작하였다.

이처럼 일본을 근대 국가로 발전시키려는 열망에 사로잡혀 있던 당대 일본 지도자들은 정권을 잡고 나서 10여 년 동안 일본 사회에 대한 급진적인 개혁 작업을 실천해 나갔다. 예컨대, 봉건 시대의 유물이었던 '번(藩)³⁰'을 폐지하고 그 대신 중앙집권적 통제 단위인 '현(縣)' 체제로 정비하였으며, 무사 계급을 해체

---

28) 서양 복장은 메이지유신 이전에 일본군에서 처음 채용되었는데, 이윽고 메이지 초기 수년 만에 경찰관, 열차 차장, 공무원 등의 정복이 되었다. 또 메이지 초기에는 천황을 비롯한 모든 저명인사들이 단발을 했으며, 서양 지도자들처럼 콧수염과 턱수염을 기르기도 하였다. 1872년 메이지 정부는 수 세기 전 중국에서 전해진 일본의 전통적인 음력(陰曆)을 폐지하고 대신 서양식 양력을 채택하였다. 이 무렵 정부는 매주 일요일을 공휴일로 지정했을 뿐만 아니라 크리스마스를 국가공휴일로 지정하기까지 했는데, 이는 서양 관습에 열중한 당시 일본인들의 태도를 보여 주는 매우 흥미로운 사례가 아닐 수 없다. 나아가 점차적으로 서양식 건축재료 및 건축양식을 도입함으로써 도시마다 서양풍의 공공건물 및 상가건물들이 줄줄이 들어서게 되었다.(폴 발레리, 박규태 옮김, 2011, 381~384쪽 참조)

29) 당시 유럽과 미국에서 유학한 많은 젊은이들 중 대다수는 문명개화정책의 일환으로 정부가 제공하는 장학금을 받았다. 이들이 귀국하면 현실적으로 출세가 보장되었음은 말할 나위가 없다. 한편 정부를 비롯한 많은 기관들은 서구 유학의 기회를 얻지 못한 이들을 위해 수많은 서양인들을 교사와 기술고문으로 일본에 초청하였다. 높은 임금을 받은 그들은 뛰어난 일본 인재들을 끌어모아 근대화에 필수적인 지식과 전문기술을 전수하였다.(폴 발레리, 박규태 옮김, 2011, 380쪽)

30) 제후가 통치하는 영지(領地). 일본사에서는 에도 시대 당시 1만 석 이상의 영토를 보유했던 봉건 영주인 다이묘(大名)가 지배했던 영역을 가리킨다.

하고 모든 사람들의 기본권에 입각한 법적 평등을 보장하였다. 또 1873년에는 징병제를 채용함으로써 이전의 엄격한 계급 체계 안에서 특권을 누리던 무사들에게 큰 타격을 입혔다.

특히 이와쿠라 사절단 일행은 서구 제국이 상호 협력을 통해서가 아니라, 맹렬하고 때로는 폭력적인 국가 간의 경쟁과 함께 부와 세력을 얻기 위한 끊임없는 분쟁을 거쳐서 근대화에 도달했다는 사실을 분명히 알게 되었다. 서구의 과학혁명과 산업혁명 및 근대화를 향한 돌진에 수반된 모든 이데올로기 가운데 내셔널리즘이야말로 가장 강력한 동인(動因)이었음을 깨달은 이와쿠라 사절단 지도자들은, 무엇보다 일본의 국가적 이익이라는 관점에서 자신들의 근대화를 기획해야 한다는 결론에 지체 없이 도달하게 되었다. 그들은 진보의 시대에 일본이 서구 세력에 잠식당하지 않으려면 신속하고 단호하게 서양 근대화의 흐름에 동참해야 한다는 사실을 잘 이해하고 있었다.(폴 발리, 박규태 옮김, 2011, 380쪽)

한편, 일본의 근대화에 있어 가장 큰 영향을 끼친 지식인 집단은 1873년 10명의 서양 전문가들이 창설한 '메이로쿠샤(明六社)'였다. 이들은 매월 두 번씩 모여 정치, 경제, 교육, 종교, 일본어, 여성의 권리 등의 주제를 놓고 열띤 토론

이와쿠라 사절단

≪명륙잡지≫　　　　　　　후쿠자와 유키치

을 벌였다. 그리고 자신들의 견해를 널리 알리기 위하여 1874년에 잡지《명륙
잡지(明六雜誌)》를 창간하였다. 이러한 메이로쿠샤의 지도적 인물이 바로 "일
본 근대화의 아버지"로 불리는 '후쿠자와 유키치(福澤諭吉, 1835～1901)[31]'였
다. 그는 여러 차례 서양에 다녀왔으며, 『서양사정(西洋事情)』이라는 저서를 발
간함으로써 그는 당대 최고의 서양 전문가로 알려졌다. 그는 순수한 학자라기
보다는 대중적 지식인이었고, 동시에 저널리스트로서 당대 일본인들에게 큰 영
향을 끼쳤다. 또 1872년에서 1876년 사이에 집필한 『학문의 권유(學問のすす
め)』라는 책은 당시 엄청난 대중적 인기를 끌어 350만 부 이상 팔렸다고 한다.

다음과 같은 이 책의 서두를 보면 후쿠자와 유키치의 사상을 엿볼 수 있다.
(『학문의 권유』, 전집 3, 29쪽., 임종원, 2011, 88～89쪽 재인용)

　　하늘은 사람 위에 사람을 만들지 않고 사람 밑에 사람을 만들지 않는다고 하였다.
　　그러므로 하늘이 사람을 태어나게 하는 것은 만인 공히 동등한 지위를 가지고, 타고
　　난 귀천과 상하의 차별 없이, 만물의 영장답게 심신의 활동으로 천지간에 존재하는
　　온갖 것을 취해 이로써 의식주의 필요를 충족시키고, 자유자재, 서로 남을 방해하지

---

31) 규슈의 오이타 현에 있는 나카쓰 번에서 하급 무사의 아들로 태어나 계몽가이자 사상가, 교육가, 저술가로 활약
　　하며 일본의 근대화를 이끌었던 인물.

않고 각자 안락하게 이 세상을 살아가게 하자는 취지인 것이다. 〈중략〉 사람은 선천적으로 귀천과 빈부의 차별이 없다. 오로지 학문에 힘을 쏟아 사물을 잘 아는 사람은 귀인이 되고 부자가 되며, 학문을 하지 않은 사람은 빈자가 되고 천민이 되는 것이다.

또 하나, 후쿠자와 유키치의 저서 중 주목할 만한 것은 『문명론의 개략(文明論之槪略)』이었다. 이 책은 그의 저서 중 가장 학문적으로 체계가 잡힌 책으로, 서구 문명의 큰 줄기를 기술하면서 이 문명을 향해 나아가는 것이 곧 일본의 독립을 완수하는 근거가 된다는 내용을 설득력 있게 전개하고 있다.(임종원, 2011, 115쪽) 그는 문명의 단계를 '야만(野蠻)', '반개(半開)', '문명(文明)'의 3단계[32]로 구분하고, "문명은 진보한다"는 신념을 다음과 같이 표현하고 있다.(『문명론의 개략』, 전집 4, 18쪽., 임종원, 2011, 118쪽 재인용)

문명은 죽은 물체가 아니고 살아 움직여서 앞으로 나아가는 것이다. 살아 움직여서 앞으로 나아가는 것은 반드시 순서와 단계를 거치지 않을 수 없다. 즉 '야만'은 '반개'로 나아가고, '반개'는 '문명'으로 나아가고, 그 문명 역시도 지금 실로 진보하는 시기다.

이처럼 후쿠자와 유키치가 기술한 문명 3단계론은 결국 동양에 비하여 서양의 문명이 발전하였음을 인정하고, 문명 후진국 일본으로서는 서양에 제압당할 수밖에 없는 것이 현실임을 시인하고 있다. 즉, "일본의 문명은 서양의 문명보다 뒤떨어져 있다고 하지 않을 수 없다. 문명에 선과 후가 있다면, 선진 문명은 후진 문명을 제압하고, 후진 문명은 선진 문명에 제압당하는 이치다."(『문명론

---

32) 후쿠자와 유키치는 아프리카와 오스트레일리아를 야만, 아시아를 반개, 유럽과 미국을 문명국으로 분류했다.

의 개략』, 전집 4, 183쪽., 임종원, 2011, 127쪽 재인용)라고 토로하고 있다. 이 때문에 그는 무엇보다도 먼저 서구 문명으로부터 배워야 하는 필요성을 강조하였던 것이다. 또한 후쿠자와 유키치는 저작권 보호제도의 일본 내 정착에도 크게 기여하게 된다.

# 2. 동양 근대 문화사와 저작권

## 1) 한국 저작권 사상의 문화사적 배경

저작권 보호의식이 맨 처음 싹튼 유럽에서는 필사본(筆寫本) 시대에서부터 인쇄업자 및 출판업자의 이익이 중시된 초기 인쇄 사회, 서적 발행 및 출판에 대하여 국왕이나 영주의 비호 아래 특권을 인정받았던 출판특허 시대, 이어서 출판소유권설을 도입한 시대, 저작자의 권리에 초점을 맞추는 정신적 소유권설 시대, 나아가 무체재산권설이나 저작자 인격권설이 대두된 시대를 거쳐 오늘날의 보편적인 저작권 제도가 정착된 시대로 발전해 왔다.

하지만 초기에는 저작자의 사권(私權)인 저작권은 중시되지 않았다. 필사본 시대에는 손이 많이 가는 필사 노동 자체가 원저작자의 정신적 창작에 대한 노고를 무시한 채 이루어졌으며, 또한 그 필사의 대상이 된 것은 대부분 고전이나 성서였으므로 그 저작자의 권리 보호가 문제 되는 일은 없었을 것이다. 15세기 중엽 구텐베르크의 인쇄기가 발명되었을 때에도 인쇄 대상은 고전이나 성서였으므로 저작자의 정신적 활동에까지 생각이 미치지 못하는 시대가 여전히 이어

| 구텐베르크 불가타 성서 | 성서 | 구텐베르크 |

졌을 것이다. 그러나 그들에 의한 인쇄 시스템 확립은 수작업을 기계 작업으로 전환시키는 비약적 발전을 이루었고, 이른바 대량 복제 시스템을 구축하기에 이르렀다.

애초에 인쇄술의 발명은 르네상스의 개화기와 일치하였고 그 당시 높아진 고대에 대한 관심은 고전 출판을 촉진시켰는데, 이것이 유럽 전역에 퍼진 인쇄 기술과 결합하게 된다. 거기서 발생한 것이 출판물 판매량에 따른 인쇄출판업 자의 위험 부담이 커질 수밖에 없다는 점을 고려해야 한다는 문제, 그리고 고전 의 원본 발견 및 정리 등에 따르는 노력에 대한 대가를 담보하는 문제였다. 이에 인쇄출판업자의 이익을 보호하기 위해 국왕이나 영주가 인쇄출판의 특권을 보장하는 출판특허제도가 탄생했고, 이는 인쇄출판업자의 이익을 지키는 것에만 그치지 않고 국왕 또는 영주로 하여금 서적 등에 대한 검열 제도를 연계하게 만들었던 것이다.

이러한 출판 특허와 검열의 연계는 유럽 각국에서 나타났는데, 프랑스에서는 검열 제도가 종교개혁운동에 대비하여 일찍이 도입되었고, 종교전쟁 후 국왕의 특허를 얻은 조합원이 출판업에 종사하는 파리의 서적상회조합에게 위탁되면서 조합에 의한 검열을 거친 출판 허가와 출판특권은 밀접하게 연계되었다. 지방의 인쇄출판업자들은 파리 서적상회조합이 가진 특권에 불만을 품었고, 양자 간의 다툼 끝에 파리 서적상회조합은 그들의 출판 독점은 왕이 부여하는 출판특권보다도 오히려 원래 저작자가 저작물에 대하여 갖는 정신적 소유권의 양도에 의한 것이라는 주장으로 바꾸기 시작했다. 이는 곧 인쇄출판업자 스스로 저작자가 저작물에 대한 원천적인 권리를 가졌음을 인정하는 것이나 다름 없었으므로 1789년 프랑스 혁명에 의해 국왕의 권위가 소실된 뒤에는 저작자의 권리만이 온전히 남게 되었다.

영국에서도 이 같은 양상은 비슷했는데 그 결과 도서출판업조합에서 국회에

낸 청원을 계기로 제정된, 세계 최초의 저작권법으로 알려져 있는, 1709년 '앤 여왕법'[33]이라는 열매를 맺게 된다. 저작자의 권리가 내포한 성질을 둘러싸고 정신적 소유권설, 무체재산권설, 저작자 인격권설 등이 비로소 논의되기 시작한 것이다.

그러나 저작자의 권리 보호를 천명한 저작권법의 제정이 유럽 각국에서 빠르게 확산된 것은 아니었다. 스위스는 1883년에야 최초로 문학적 또는 미술적 소유권에 관한 연방법을 제정하였고, 헝가리 최초 저작권법의 제정은 1884년에야 이루어졌다. 터키에서는 1882년 당시 정부에서 부여하는 특권 제도가 아직 남아 있었다. 저작권법을 가진 나라에서도 나라마다 그 내용은 각양각색이었는데, 이는 외국 저작자에 대한 보호 측면에서 잘 드러난다. 프랑스는 1852년도 법률에서 외국인 저작자에게 프랑스 국외에서 발행한 저작물에 대해서도 자국 저작물과 동일한 보호를 받도록 하고 있지만 이것은 매우 예외적인 사례로, 스페인, 그리스, 노르웨이, 포르투갈은 원칙적으로 외국 국적의 저작물은 그 저작물을 스페인, 그리스, 노르웨이나 포르투갈 영토 내에서 발행하더라도 보호 대상에 포함하지 않았다. 자국 저작자가 외국에서 저작물을 발행했을 때의 취급도 제멋대로였다. 독일과 스웨덴에서는 자국 저작자가 그 저작물을 외국에서 발행하더라도 보호한 반면에 오스트리아, 영국, 이탈리아, 네덜란드는 자국민이 타국에서 저작물을 발행하면 내국민이 받을 수 있는 보호를 해 주지 않았다. 또 저작권 보호를 위한 절차를 밟는 것이 필수적이었는데, 주된 절차로는 공식 등록부 기재 혹은 권한 있는 관청에 납본하는 것 등 나라마다 다른 절차를 요구했다.

---

33) 이 법은 영국도서출판업조합(Stationers' Company)의 요구로 제정되었으며, 발효 연도는 1710년이다. 정식 명칭은 다음과 같다. An act for encouragement of learning, by vesting the copies of printed books in the authors or purchasers of such copies, during the times therein mentioned.—The Statute of Anne.

이처럼 저작권은 많은 나라에서 불안정한 보호를 받고 있었고, 규정 또한 다양한 방식으로 적용되고 있었기 때문에 일반적인 국제조약의 체결을 바라는 움직임이 생겨났다. 특정 국가끼리의 조약 체결 사례도 있었지만, 그 효력이 당사국 사이에만 미쳤기 때문에 일반적 국제 조약의 체결이 요구되었던 것이다. 일반적인 국제 조약을 체결

빅토르 위고

하여 저작자를 국제적·통일적으로 보호하기 위하여 최초로 활동을 벌인 단체는 당시 문호이자 정치가였던 '빅토르 위고'를 명예회장으로 삼아 1878년 만국박람회 중 파리에 설립된 '국제문예협회'였다. 이 협회는 준비 작업을 거쳐 일반적 조약 체결을 위한 회의 장소로 앞서 설립된 공업소유권동맹의 상설 사무국과 이미 우편 또는 전신의 연합사무국이 자리 잡은 스위스의 베른(Berne)을 지정하여 스위스 정부에 이러한 취지를 통보하였다. 그 결과 스위스 정부는 1884년 독일, 프랑스, 영국 등이 모이는 각국 외교 회의를 소집하였고, 1885년 제2회 베른회의를 거쳐 1886년 '베른협약'이 10개국이 모인 가운데 조인됨으로써 1887년 12월 발효되었다. 베른협약은 모든 국가를 대상으로 개방되어 체결국 모든 국민에게 내국민 대우를 부여하며, 국제 관계에서 항상 문제로 인식되었던 번역권은 저작권에 귀속됨을 명확하게 밝히는 등 매우 진보적인 내용을 담고 있었다.

우리나라의 경우 인쇄술 발명에 있어서는 독일의 구텐베르크보다 훨씬 앞서 있었지만, 대개의 동양권 국가에서처럼 인쇄 내지 출판을 국가 기관, 즉 고려 시대에는 서적원(書籍院), 조선 시대에는 교서관(校書官) 등에서 직접 담당하였기 때문에 저작물에 대한 권리 의식이 발생할 여지가 거의 없었다.

조선 말기인 1883년에 와서는 박문국(博文局)이 설립되어 인쇄를 전담하다 가 1884년의 갑신정변으로 박문국이 폐지되자 인쇄가 일반화되기 시작하여 개 인이 출판을 할 수 있게 되었지만 이 시기에도 저작권 의식은 일어나지 못하였 고, 20세기에 들어와서 한반도를 강점한 일본인들의 요청에 따라 1908년에 한 국저작권령(韓國著作權令)을 명치칙령(明治勅令) 200호로 공포하여 구일본저 작권법을 그대로 빌려쓰게 되었다. 그 후 1910년에는 일본의 명치칙령 338호로 서 한국저작권령을 폐지함과 동시에 일본의 저작권법을 바로 우리나라에 시행 토록 하였으나 1911년에 일본에 합병됨으로써 조선총독부(朝鮮總督府) 제령 (制令) 1호로서 다시 일본 저작권법을 빌려 쓰게 되었다.

1945년의 광복 이후에도 미군정법령(美軍政法令) 제21호에 의하여, 또한 1948년 정부 수립 이후에는 제헌헌법(制憲憲法) 제100조에 의하여 일본 저작권 법이 계속 원용(原用)되어 오다가 1957년에 와서야 우리 고유의 저작권법을 제 정, 시행하기에 이르렀다.

## 2) 중국 저작권 사상의 문화사적 배경

중국 역사에 있어 '저작권'이란 개념은 중국 송나라 때부터 찾아볼 수 있다. 중 국 남송 시대에 출판한 『동도사략(東都事略)』[34] 서론에 보면 "眉山程舍人宅刊 行 已申上司 不可覆版"이란 표현이 있는데, 여기서 '불가부판(不可覆版)'이란 말은 곧 '재판 또는 재본 금지'란 뜻이기 때문이다.

---

34) 남송의 왕칭(王稱)이 북송 시대의 사적을 기록한 기전체 역사서. 130권. 왕칭은 미산(眉山, 오늘날 사천성에 속함) 사람으로. 순희(淳熙) 14년(1187)에 승의랑(承議郞)으로 나갔다가 『동도사략』을 지어 바쳐 특별히 직비각(直秘閣) 에 제수되었고 벼슬은 이부랑중(吏部郞中)에 이르렀다. 북송의 도읍인 변량[汴梁; 오늘날의 카이펑(開封)을 옛날에 는 동도(東都)라고 불렀기 때문에 붙여진 제목이다. 송 태조 조광윤(趙匡胤)에서 시작하여 송 흠종(欽宗) 조환(趙桓) 까지의 역사를 담고 있다. 본기(本紀) 12권, 세가(世家) 5권, 열전(列傳) 105권, 부록 8권으로 구성되어 있다.

하지만 근대적 개념의 저작권 제도는 서양으로부터 전래된 것이다. 중국은 오래전부터 저작권 제도 탄생의 기본 조건인 인쇄 기술을 발명하고 사용하였지만, 절대군주제 때문에 저작권은 나타날 여지가 없었던 것이다.(李雨峰, 2006, 61쪽)

중국 군주제 시대, 특히 당나라 시대부터 강남 지역에서는 문학, 음악, 희곡, 서예, 그리고 회화 등 모든 예술 영역은 이미 고도로 발달하였으며 동시에 인쇄 출판 분야도 매우 발달하였다. 하지만 당대 풍조로 보았을 때 학습은 관료가 되기 위한 수단에 불과하였기 때문에 대부분의 학자들은 자기가 주장하는 사상, 특히 정부 및 관료주의 또는 군주제를 반대하는 내용의 창작물을 내놓지 않았다. 곧 창작보다는 벼슬을 얻기 위한 독서에 만족하였기 때문에 작가를 비롯한 다양한 서적 내용에 대한 요구가 없었다. 설사 자신의 창작물이 있다 하더라도 그것을 많은 사람들에게 보여 주는 것이 학자들의 희망 사항이었다. 보다 많은 사람들에게 알려져야 명성을 얻을 수 있었고 조정의 주목을 받을 수 있었기 때문이다.(李雨峰, 2006, 74쪽)

한편, 중국은 청나라 말기에 이르러 서양 각국의 침략과 함께 군사 및 외교 분야의 실패로 말미암아 반식민지 국가로 전락하게 되었다. 반면에 중국 지식계로서는 동양과 서양 지식의 계속적인 충돌 덕분에 근대 출판이 촉진됨으로써 출판 산업은 오히려 짧은 시간 내에 큰 발전을 이루었다. 그러나 청나라 시대의 저작 및 저작권 관련 활동은 저자 및 출판자에 대한 보호보다는 제약이라는 측면이 더 강하였다. 광서(光緒) 32년(1906)에 상업부, 경찰부 그리고 학부와 공동으로 '대청인쇄물전률(大清印刷物專律)'을 공포하여 일반 민중들의 언론 자유를 최대한 구속하였다. 같은 해에 청나라 정부는 근대 신문출판 사업의 급속한 발전에 따라 위협을 느낀 나머지 신문 언론을 더욱 견제하기 위하여 '보장응수규율(報章應守規律)'을 발표하였다. 이어서 1907년에는 '대청보율(大清報律)'을

광학회 ≪만국공보≫          광학회 『중동전기본말』

내놓았지만 출판업계에서는 대부분 이를 반대하였다. 더불어 외국인들은 당시 신문을 창간하고 발행함에 있어서 많은 특권을 누리고 있었기 때문에 청나라 정부에서 공포한 법률을 무시하기 일쑤였다.

한편, 서양 선교사들은 중국에서 최초의 출판 기구인 '광학회(廣學會)'[35]를 창립하였다. 이 기구는 『중동전기본말(中東戰紀本末)』, 『문학흥국책(文學興國策)』이란 2종의 서적을 출판하여 중국에서 많은 인기를 얻게 되자 그 책의 저작권 보호를 위하여 중국 정부에 무단 복제를 금지시켜 달라는 청구를 제기하였다. 당시 중국에는 저작권 보호에 관한 법률은 없었지만 이용허락 없이 무단으로 서적을 복제하는 것에 대한 금지령이 있었는데, 이를 당시 서적의 저작권 보

---

35) 1840년 아편전쟁 전날 밤에 영·미 선교사가 광둥에서 창립한 '중국 실용지식전파회'와 상하이의 '동문서회(同文書會)'에서 비롯되었으며 1894년 '광학회'로 이름을 바꾸었다. '서구의 학문으로 중국의 학문을 넓히고, 서구의 새로운 학문으로 중국의 낡은 학문을 넓힌다'는 뜻으로 한문의 출판물을 통하여서 기독교를 선교하는 한편, 유럽의 문화를 소개하였다. 총세무사였던 영국인 하트가 초대 이사장을 맡고 선교사 윌리엄슨(중국명 韋廉臣)·리처드(중국명 李提摩太) 등이 총간사를 맡았으며, 그 외의 핵심 인물로는 모유렴(慕維廉)·앨런(중국명 林樂知)·정위랑(丁諱良)·이가백(李佳白) 등이 있었다. ≪만국공보(萬國公報)≫, ≪중서교회보(中西敎會報)≫, ≪대동보(大同報)≫, ≪여성(女星)≫ 등을 발행하였다. 특히 ≪만국공보≫는 내외의 정치 정세를 소개하고 시사 문제를 논평했으며, 캉유웨이·쑨원 등의 개혁 운동에 영향을 주었다. 그러나 리처드가 청국 정부의 개혁안에서 주장한 바와 같이 각료의 반수를 외국인으로 임명할 것을 제안하는 등 그 사업의 근본 목적은 영국 본국의 이익에 있었다.
출처: 두산백과(http://terms.naver.com/entry.nhn?docId=1065197&cid=40942&categoryId=31575)

호책으로 썼던 것이다. 곧 광서(光緖) 22년(1896)에 광학회는 청나라 지방 정부의 명의로 '엄금번각신저서적고시(嚴禁翻刻新著書籍告示)'를《만국공보》에 고시하였다. 당시 청나라 정부에서 발표한 공고들은 외국 기구의 요구에 따라 출판자의 권리, 번역자의 권리뿐만 아니라 독자의 권리까지 포함하여 보호하는 내용들을 담고 있었다.

그 밖에 청나라 말기 상하이(上海)에는 모든 면에서 대도시답게 공립 학교가 많이 세워졌다. 그중 하나였던 '난양공학(南洋公學)'은 비교적 일찍 설립되었으며, 교내에 역서원(譯書院)을 설립하였다. 이 기구는 당시 번역 서적을 많이 출판하였기에 자신들의 출판물을 보호하기 위하여 현지 정부에 보호 정책을 요구하는 청구를 많이 제기하였다. 당시 중국은 근대적 의미의 저작권법을 입법하기 이전이었기 때문에 저작권 관련 청구가 있을 때에는 송나라 시대부터 유래되었던 지방 정부의 고시 공포 방식을 원용하여 저작권 보호 관련 공고를 고시하곤 하였다.

## 3) 일본 저작권 사상의 문화사적 배경

일본 역사에 있어 막부 말기부터 메이지 시대에 걸쳐 일본인들에게 저작권 보호의 당위성을 맨 처음 호소한 사람은 메이로쿠샤의 지도적 인물로 일본의 근대화를 이끌었던 후쿠자와 유키치[36]로 알려져 있다. 그는 막부 말기에 미국으로 건너가 그 문물과 법제도를 접한 뒤에 인간의 노동은 존중받아야만 한다는 기본적 관념을 바탕으로 그 저작 및 실천 활동을 통해서 무체재산이 존중받아야 하는 이유를 설파해 온, 일본 저작권 역사상 반드시 주목해야만 하는 인물이

---

36) 한편으로는 그를 일본 제국주의의 아시아 침략사상을 구축한 대표적인 학자로 보는 견해도 있다. 야스카와 주노스케, 이향철 옮김(2011), 『후쿠자와 유키치의 아시아 침략사상을 묻는다』, 서울: 역사비평사 참조.

다.(저작권법100년사편찬위원회 편, 2000, 5쪽)

후쿠자와 유키치는 초기작 『서양사정외편(西洋事情外編)』(1868) 제3권에서 「사유(私有) 책을 논한다」라는 제목으로, "사유에는 두 종류가 있어, 하나를 이전(移轉)이라 하고, 하나를 유전(遺傳)이라고 한다"고 서술하고 있다. 여기서 이전이란 동산(動産)을, 유전이란 부동산을 의미하지만 이 문장에 이어서 "사유의 종류에는 또한 한층 아름다움을 다하여 번영하는 비밀스러운 것이 있는데, 즉 발명면허, 장판(藏版)면허 등이 그것이다. …… 책을 저술하고 그림이나 도안을 제작하는 사람도 그것을 그 사람의 장서로 만들고, 개인의 이익을 얻기 위한 면허를 받아 사유재산으로 만든다. 그것을 장판면허(카피라이트)라고 부른다"고 하면서, 여기서 '장판면허'란 "저술가가 홀로 그 책을 판목(版木)으로 제작하여 전매 이익을 얻는 것"이라고 정의하고 있다.

후쿠자와 유키치의 저서는 그 밖에도 여러 종이 남아 있는데, 『문명론개략(文明論之概略)』(1875)과 함께 그의 대표 3부작으로 일컬어지는 『서양사정(西洋事情)』(1866~1870)과 『학문추천(學問推薦)』(1872~1876)은 당시 일본인들 사이에 베스트셀러가 되었으나, 이에 편승하는 무단 복제도 매우 활발했던 것으로 보인다. 이와 관련하여 후쿠자와는 "『서양사정』은 내가 저술하고 번역한 것 중 가장 널리 세상에 알려지고 가장 많은 사람들이 읽은 책인데, 저자의 손으로 발매한 초판 부수가 15만 부를 밑돌고, 이에 더하여 당시 유행한 위판(僞版)을 더하면 틀림없이 20만 내지 25만 부가 팔렸을 것"이라고 말했다고 한다.(저작권법100년사편찬위원회 편, 2000, 5쪽) 여기서 말하는 위판이란 후쿠자와의 허가를 받지 않고 간행된 불법 복제물을 가리킨다. 저서와 번역서가 널리 세상에 퍼진 것을 기뻐하는 한편, 저작권을 사권(私權)으로 다루면서 사유재산이 존중받아야 한다는 주장을 펼치고 있는 것이다. 스스로 출판사를 경영한 후쿠자와에게 있어서 위판이 난무하는 상황은 그대로 두고 볼 수 없는 것이었으며, 그렇기 때문에 이는 천하의 문화와 문명의 발전에 악영향을 끼치는 것이라고 반복적으로 주장했던 것이다. 이처럼 막부 말기와 메이지 초기에 저작권이 존중받아야 함을 주장한 후쿠자와의 노력은 1869년 출판조례의 제정과 그 후 이 조례의 적용과 해석에 큰 영향을 미쳤다.

후쿠자와 유키치는 메이지 6년(1873) 7월 15일자로 작성한 문헌에서 다음과 같이 적고 있다.

'카피라이트'는 이전에 출판관허(出版官許)[37]라 번역했지만 이 단어는 적절하지 않다. '카피(copy)'는 옮기는 것을 뜻하고 '라이트(right)'는 권리를 뜻한다. 즉 저술자가 책을 저술한 뒤 이를 옮겨 판본으로 만들고 당사자가 자유롭게 취급하여 다른 사람이 이를 복제할 수 없게 하는 권리이다. 이 권리를 얻은 자를 '카피라이트'를 얻은 자라 칭한다. 그러므로 '카피라이트'라는 단어는 출판특권, 혹은 이를 줄여서 판권(版權)이라고 번역해야 할 것이다. 일본인의 생각대로 이 책을 저술하는 데 지장이 없고, 어떠한 일을 적음에 있어서도 남이 꺼려하고 싫어하는 내용으로 비위를 거스르는 일이 없는 한 정부에서 그 출판을 허가하는 취지와는 다르다. 책을 쓰고 사건을 기술함은 그 사람의 견해에 따라 자유로이 할 수 있으며 타인의 저술을 훔치는 것이 아니라면 조금이라도 지장이 될 것이 없다. 단지 정부의 직분은 약속대로 위판(僞版)을 막는 것뿐이다.[38]

여기서 알 수 있는 것처럼, 후쿠자와 유키치는 카피라이트(copyright)라는 말을 처음에는 '장판면허'라고 번역했으나, 이후 '출판권' 혹은 줄여서 '판권'

---

37) 장판면허(藏版免許)와 같은 뜻으로 쓰인 것으로 보인다.
38) 「1872년 미국에서 출판된 '존 하월즈(ジョン・ハヮウイルス)'의 법률운부(韻府) 제1책 363페이지 '카피라이트' 조항 발췌 요약」의 주석 부분. 저작권법100년사편찬위원회 편, 2000, 51쪽 재인용.

미즈로 렌타로

이라 번역하는 것이 낫다고 여기고 판권이라는 단어를 제창하였다. 그 결과 1875년의 출판조례에는 법조문상 저작자나 번역자의 권리를 '판권'이라고 한다는 점이 분명하게 규정되어 있으며, 그 후 일본에서 더 이상 판권이라는 말이 법률 용어로 사용되지 않게 된 이후에도 일반에 널리 퍼져 사용되었을 뿐만 아니라, 오늘날에도 쉽게 들을 수 있을 만큼 흔한 단어가 되었다. 특히 한국에 유입된 '판권'이란 용어는 '저작권'을 뜻하는 말로 널리 쓰여 심지어는 음반 발행이나 영화 제작에 있어서도 '저작권'보다 더 널리 쓰이는 형국으로 발전하게 되었다.

한편, '저작권'이란 용어를 맨 처음 사용한 사람은 일본 구저작권법의 입안자로 알려진 미즈노 렌타로(水野錬太郎, 1868~1949)라는 설이 있다. 요시무라 타모츠(吉村 保)의 저서 『發掘 日本著作權史』(1993, 4쪽)에 따르면 '미즈노 렌타로'가 줄곧 "저작권이라는 말은 새로운 말로 저작권법을 편성할 때에 정말 내가 만든 말이다", "판권이라 부르는 것은 뜻의 폭이 너무 좁기 때문에 작년(1904년) 법률 개정 때 저작권이라는 명칭을 제안했다", "일본에서도 처음 있는 일이어서 그 명칭 또한 무엇이라고 붙이면 좋을지 꽤 머리를 짜냈던 것이다. 저작권이라는 명칭 역시 이때 처음 만들어졌다"고 말한 것으로 알려졌다.

하지만 구라다 요시히로(倉田喜弘)의 저서 『著作權史話』(1983)에 따르면, 1883년 9월 10일부터 스위스 베른에서 개최된 국제문예협회에서 발의한 베른협약 초안과 의사록을 스위스 정부가 세계 각국에 송부하면서 대표의원의 파견을 요청하게 된다. 이와 관련하여 스위스 정부는 1884년 3월 26일, 일본 정부의 외무대신, 문부대신, 내무대신, 그리고 농상무대신 앞으로 그 의견을 조회하는 공문을 보내왔으며, 이때 같은 해 5월 16일자로 회신한 농상무성 답변서에 "이 나라는 아직 미술상의 저작권을 보호하는 법"이 없기 때문에 스위스 정부에서 제안한 '문학 및 미술의 저작권보호동맹(베른협약)'에 가맹하는 것은 '사절(謝絶)'할 수밖에 없다는 표현이 나온다고 한다. 여기서 '저작권'이란 말이 처음 사용되었다는 것이다. 이후 저작권 관련 국제회의에 일본 대표로 참석하는 사람들의 보고서에서 자연스럽게 '저작권'이란 용어가 사용된 것이지, 미즈노 렌타로가 처음 만들어 낸 말은 아니라는 반론인 셈이다.

아울러 신문 보도기사에도 1887년에 이미 '저작권'이란 말이 사용된 것으로 나타난다. 1887년(메이지 20) 4월 19일자 ≪메사마시 신문(めさまし新聞)≫에 "문학 및 기예상 저작권 보호조약 확정회의"라는 제목으로 "베른회의에 위원으로서 참가한 외무성 서기관 쿠로가와 세이치로 씨가 이번 회의의 의결보고서를 이노우에 외무대신에게 송달했기 때문에 현재 번역 중이다"라는 내용의 기사가 실렸던 것이다.(吉村 保, 1993, 7쪽)

이러한 여러 가지 정황을 토대로 살펴볼 때 '저작권'이란 용어는 어느 특정인이 창안한 것이라기보다는 관계자들의 회의 과정에서 누군가에 의해 제안된 것이 자연스럽게 쓰인 결과일 것으로 추정된다. 나아가 1887년에 제정된 판권조례, 1893년에 제정된 판권법 등의 용례와 맞물려 혼용되었을 가능성이 높으며, 1903년 10월에 조인된 일본과 청나라 사이의 '추가통상항해조약'에서 일본어의 '판권'이 중국어로는 '印書之權(인서지권)'으로 번역됨으로써 이때는 '저작권'이라기보다는 '출판권'을 뜻했던 것으로 보인다.[39]

---

39) 오늘날에도 '출판권'이라고 해야 할 것을 '저작권'이라고 하거나, '저작권'이라고 해야 할 것을 '출판권' 또는 '판권'이라고 하는 사례가 많이 있다. 예를 들어, 번역 도서에 등장하는 '한국어판 저작권'이란 용어는 '한국어 출판권'이라고 해야 옳으며, '영화 판권'이란 말은 '영화 저작권'으로 표현해야 한다.

# 동양 저작권 사상의 출판문화적 배경

## 제 2 장

# 1. 동양 근대 출판문화의 특징

## 1) 한국의 근대 출판문화

한국에 있어 근대 출판문화의 태동 배경, 즉 근대 출판의 발생 요인은 신식 인쇄술과 출판의 도입, 근대 신문의 대두와 새로운 문필인의 탄생, 신교육의 보급, 국문 운동의 전개로 말미암은 국문 전용과 언문일치(言文一致) 문장의 사용, 그리고 읽을 수 있는 새로운 독자층의 대두 등이라고 할 수 있다.(민병덕, 1992, 76~77쪽)

먼저, 한국에서 공식적으로 신식 연활자(鉛活字) 인쇄술을 처음 도입한 것은 1883년 박문국(博文局)[40]을 설치하여 ≪한성순보≫를 발행한 때였다. 그리고 1년 뒤에는 한국 최초의 근대식 출판사 겸 인쇄소인 광인사(廣印社)가 민간 자본으로 설립되었다. 이어 1885년 배재학당에 인쇄소가 설치되고, 1888년 천주교

---

40) 조선 말기 인쇄·출판에 관한 사무를 관장하기 위하여 설치되었던 관서. 박영효(朴泳孝)의 건의에 따라 1883년(고종 20) 8월에 설치되었다. 조미수호통상조약 체결 직후 조선은 시대적 요구에 응하여 여러 가지 부국책을 추진하였는데, 박문국은 통리교섭통상사무아문(統理交涉通商事務衙門)의 산하 기관인 동문학(同文學)의 신문 발행 업무를 담당하기 위하여 설치되었다. 명칭은 유길준이 마련한 <한성부신문국장정(漢城府新聞局章程)>의 제1조를 답습한 것이다. 초대총재는 민영목(閔泳穆), 부총재는 김만식(金晚植)이었다. 기자는 동문학과 각 사(司)에서 차출된 주사(主事) 또는 사사(司事)의 직함을 가진 사람들이었다. 한성부 남부 훈도방(薰陶坊) 저동의 영희전(永禧殿) 자리에 있었으며, 처음 ≪한성순보≫는 한성부에서 주관, 발행하기로 하였으나, 박영효가 한성판윤을 물러남으로써 동문학으로 이관되어 1883년 10월 이곳에서 발간하였다. 그러나 1884년 12월 갑신정변으로 불타버리자 이듬해 중부 경행방(慶幸坊) 교동의 전 왕실 건물로 이전, ≪한성주보(漢城周報)≫로 복간되었다. 이때 총재는 김윤식(金允植), 부총재는 정헌시(鄭憲時), 주필은 장박(張博), 회계는 정병하(鄭秉夏), 외국어 번역원은 일본인 이노우에(井上角五郎)였다. 신문 발행 경비는 특수한 세수권(稅收權)을 부여받아 충당되었고, 각 지방 관아에 배부되어 그 수익금으로 유지되었다. 그러나 수금이 제대로 되지 않아 관세를 차용하기도 하였다. 결국, 1888년 7월 재정 문제로 통리교섭통상아문에 부속됨으로써 문을 닫고 말았다.

출처: 한국민족문화대백과(http://terms.naver.com/entry.nhn?docId=555706&cid=1593&categoryId=1593)

회에서 성서활판소 등을 설치하면서 비로소 조선 사회는 근대적 인쇄출판 문화 시대를 맞이하게 되었다. 당시 학술적 목적이 강한 교양서적은 기본적으로 문자를 읽을 줄 아는 유학자들을 중심으로 소비되었고, 민간인이 영리를 목적으로 펴낸 방각본(坊刻本)은 평민들을 대상으로 일종의 수신서 또는 교양서 등의 다양한 역할을 담당하였다.

다음으로, 한국 최초의 근대 신문은 김옥균 등 개화당이 1883년 박문국에서 발행한 《한성순보》였다. 국내 기사와 서양 문물을 소개하였는데, 갑신정변으로 박문국이 소실되는 바람에 창간 1년여 만에 폐간되었다. 1886년 1월부터 국한문 혼용의 《한성주보》로 복간되었으나 1888년 7월 신문사 자체의 운영난으로 폐간되었다. 이후 근대식 신문이 본격적으로 발간된 계기는 1896년 4월 서재필(徐載弼, 1864~1951)이 《독립신문》을 창간한 것이었다. 논설, 잡보, 관보, 외국 통신란을 두었으며, 순 국문과 영문으로 동시에 발행하여 일반 국민들이 쉽게 볼 수 있도록 하는 한편, 외국인들에게 한국의 사정을 알리는 역할을 하였다.(최준, 1972, 60~61쪽) 순 국문으로 발행된 《독립신문》은 철저히 계몽적인 관점에서 자주독립과 자유민권 사상을 심어 주는 한편, 다른 신문이 창간될 수

있는 환경을 마련해 주었다.(한혜영, 2010, 16쪽) 그리하여 1898년에는 《매일신문》, 《황성신문》, 《제국신문》, 《협성회회보》 등이 창간되었고, 이후 《대한매일신보》(1994), 《만세보》(1906), 《대한민보》(1909) 등이 등장하였다. 그러나 이렇게 발행되기 시작한 신문들은 대개 1910년 경술국치(庚戌國恥)로 인하여 폐간되기에 이르렀는데, 일제의 언론 통제 때문에 오히려 잡지와 도서 출판이 활성화되는 계

서재필

기가 되었다.

한편, 1905년부터 1910년 사이에 개화파를 중심으로 이른바 국학 운동이 펼쳐진다. 여기서 국학(國學)은 국어학(國語學)·국문학(國文學)·국사학(國史學)의 영역을 포함하는 개념이다. 당시 개화 운동의 구체적인 방안은 서양의 선진 기술을 적극적으로 수용하는 것이었으나 그 세부 내용은 단순한 서구화가 아닌 우리의 정신적 전통을 바탕으로 한 자주적 근대화를 추구하는 것이었다.(김봉희, 1999, 23쪽) 당시 국사는 신채호·박은식·장지연 등이 주도하였고, 국어와 국문학 영역은 주시경·유길준·최광옥·이봉운·지석영 등을 중심으로 발전하였다.

그중에서도 유길준(1856~1914)의 『서유견문(西遊見聞)』[41]은 새로운 국한문체 보급에 크게 공헌하였으며, 특히《독립신문》,《제국신문》 등 국문체 신문과《황성신문》,《대한매일신문》 등 국한문 혼용 신문은 표기 방법을 통일해야 할 필요성을 제기함으로써 국문 연구에 많은 도움이 되었다.(한혜영, 2010, 13쪽) 그리하여 1907년에 조선어학회의 모체인 국문연구소가 학부(學部)에 설립됐다.

문단에서는 순 국문으로 쓰여진 신소설이 등장하였는데, 신소설은 언문일치

유길준

『서유견문』

『국문정리』

문장을 사용하였고, 주인공의 말과 행동을 통하여 전근대적인 윤리 및 도덕을 배격하고 신교육의 필요성과 민족의 자주독립을 주장함으로써 계몽 문학의 역할을 하였다. 실제로 1895년 이후부터 한자 대신 표음 문자인 한글을 국문(國文, national script)으로 격상시키려는 움직임이 일어났는데, 이러한 국문 운동은 갑오개혁 이후 지석영(池錫永, 1855~1935)에 의하여 '국가적 사업'으로 불렸고, 이봉운(李鳳雲, 생몰년 미상)은 1897년 『국문정리(國文正理)』를 저술하여 국문 운동에 이바지

---

41) 활자본 1책. 1895년(고종 32) 도쿄 교준샤(交詢社)에서 간행되었다. 이 책은 유길준이 1881년 일본에 갔을 때부터 구상하여 준비해 오다가 1885년 미국에서 돌아와 연금생활을 하면서 집필한 것이다. 1889년에 완성되었으나 6년 후인 1895년에 출간되었다. 내용은 서양 각국의 지리, 역사, 정치, 교육, 법률, 행정, 경제, 사회, 군사, 풍속, 과학 기술, 학문 등 광범위한 분야에 걸쳐 있다. 이 책의 순서는 1889년에 유길준 본인이 쓴 서문(序文)과 비고(備考), 목차 등으로 구성되어 있다. 목차는 모두 20편(編)인데, 제1편은 지구세계의 개론, 6대주의 구역, 나라의 구별, 세계의 산, 제2편은 세계의 바다, 강, 호수, 인종, 물산, 제3편은 나라의 권리, 국민의 교육, 제4편은 국민의 권리, 인간 세상의 경쟁, 제5편은 정부의 시초, 종류, 정치제도, 제6편은 정부의 직분, 제7편은 세금 거두는 법규, 납세의 의무, 제8편은 세금이 쓰이는 일들, 정부에서 국채를 모집하여 사용하는 까닭, 제9편은 교육하는 제도, 군대를 양성하는 제도, 제10편은 화폐의 근본, 법률의 공도, 경찰제도, 제11편은 당파를 만드는 버릇, 생계를 구하는 방법, 건강을 돌보는 방법, 제12편은 애국하는 충성, 어린이를 양육하는 방법, 제13편은 서양 학문의 내력, 서양 군제의 내력, 유럽 종교의 내력, 학문의 갈래, 제14편은 상인의 대도, 개화의 등급, 제15편은 결혼하는 절차, 장사지내는 예절, 친구를 사귀는 법, 여자를 대접하는 예절, 제16편은 옷, 음식, 집의 제도, 농작과 목축의 현황, 놀고 즐기는 모습, 제17편은 빈민수용소, 병원, 정신박약아 학교, 정신병원, 맹아원, 농아원, 교도소, 박람회, 박물관과 동·식물원, 도서관, 강연회, 신문, 제18편은 증기기관, 와트의 약전, 기차, 기선, 전신기, 전화기, 회사, 도시의 배치, 제19편은 각국 대도시의 모습, 미국의 여러 대도시, 영국의 여러 대도시, 제20편은 프랑스의 여러 대도시, 독일의 여러 대도시, 네덜란드의 여러 대도시, 포르투갈의 여러 대도시, 스페인의 여러 대도시, 벨기에의 여러 대도시 등이다. 이 책은 최초의 국한문 혼용서로서, 이 책의 출간으로 당시의 신문, 잡지가 비로소 국한문 혼용체를 많이 따르게 되었다. 또 이 책은 갑오개혁의 사상적 배경이 되었을 뿐 아니라 계몽사상 형성에 영향을 주었으며 국문학이나 신소설에도 커다란 영향을 끼쳤다.

출처: 두산백과(http://terms.naver.com/entry.nhn?docId=1111353&cid=40942&categoryId=32892)

하였다.

이처럼 개화기 한국의 인쇄출판은 계몽 및 민족주의 고취에 목적을 두고 생겨났으며 발전했다는 특징을 띤다.

## 2) 중국의 근대 출판문화

중국 근대 출판의 역사와 중국 고대 출판의 역사를 서로 비교해 보면 다음과 같은 몇 가지 특징이 있다.(叶再生, 2002, 1~8쪽 참조)

우선, 납활자 조판(組版)과 인쇄술의 기계화는 근대 출판 역사의 주요한 특징이며, 중국 고대 출판 시기에 행해진 활판(活版)을 주요 특징으로 하는 수공인쇄술과 본질적인 차이가 있다. 납활자 조판 및 기계화된 인쇄술의 발명과 시행은 일반적인 기술의 개선이 아닌 문화사의 시대 구분을 가능하게 하는 의미 있는 사건이다. 18세기 중엽 증기기관의 발명이 산업혁명을 이끌고, 기계 장치와 대규모 공업의 발달이 공장 수공업을 대체하면서 사회생산력을 최대한으로 끌어올렸던 것처럼 납활자 조판과 인쇄기술의 기계화는 복제 기술을 수공 생산에서 기계화 생산으로 전환시켰다. 또 간행물 조판인쇄 속도를 최대로 끌어올렸으며, 간행물의 생산량을 증대시켰고, 인쇄 비용을 감소시킴으로써 도서가 소수의 관리나 관청 또는 종교인과 권문세가의 손에서 벗어나 민간 속으로 깊이 들어갈 수 있게 해 주었다.

게다가 주로 종교적 설교, 황실 기사, 선현 일대기가 주를 이루었던 간행물의 내용을 학술, 문화 및 삶의 각 분야에 대한 주제로 확대시켰으며, 경제와 문화의 발전을 촉진시켰다. 지식 정보가 대규모로 교류될 수 있는 토대를 만들어 주었으며, 공간과 시간의 제약을 벗어나게 해 준 것도 그것이었다. 또한 인류가 창조한 수많은 새로운 사상과 학술이 국경을 넘어 중국으로 유입되도록 했으며, 중국 봉건 사회의 해체와 자본주의 경제의 발전을 촉진하였다. 납활자 조판과 기계화 인쇄술의 발명은 또한 간행물 편집 사상, 업무 방법, 조직 형식에 변혁을 가져왔을 뿐만 아니라 도서 판매 및 편집·영업 인력의 전문화를 촉진하기도 하였다.

따라서 중국에 있어 납활자 조판과 기계화 인쇄술은 새롭게 발명된 과학 기술의 총체라고 할 수 있다. 그중에서도 인쇄술의 기계화는 위대한 발명의 핵심 부분이자 주요 특징이 아닐 수 없다. 납활자 조판은 그것의 중요한 구성 부분이며, 납활자는 기계화와 결합해야만 그 장점을 충분히 발휘하여 새로운 생산력을 형성할 수 있다. 중국에서 활자조판술은 고대부터 일찌감치 존재했었다. 북송 경력(庆历, 1041~1048) 때, 중국인 필승(毕升)은 점토 활자를 이용한 조판술을 발명하였다. 이후 나무 활자, 징니(澄泥, 고운 흙으로 만든 것) 활자, 동(구리) 활자, 주석 활자 등등 다양한 활자들이 발명되고 활용되었으며, 각각의 활자로 인쇄한 결과물들도 출시되었다. 그러나 이러한 활자들은 점토 활자 조판과 마찬가지로 당시 상황이 수공업 인쇄를 벗어나지 못했기 때문에 새로운 생산력을 발휘하지 못하였다. 다만 활자를 제작하는 데 사용하는 재료가 발전했을 뿐이었다.

이처럼 납활자와 인쇄술의 기계화가 결합한데다가 기계화 인쇄에 적합한 유성 인쇄용 잉크를 사용하게 됨으로써 비로소 새로운 생산력을 형성할 수 있었으며, 그 결과 활판인쇄를 특징으로 하는 고대 수공 인쇄에서 벗어나 납활자 조판과 인쇄술의 기계화를 특징으로 하는 새로운 근대 출판의 시기로 진입하게 되었던 것이다.

중국 근대 출판의 역사에 나타나는 두 번째 특징은 근대적 개념의 신문과 잡지의 출현이다. 중국의 서적 출판의 역사는 유구하지만, 국가 경제와 민생, 정치·경제, 과학 및 기타 문화의 발전과 밀접한 관계가 있는 현대적 개념의 간행물은 납활자 조판과 기계화된 인쇄 기술이 중국에 전래된 이후에 비로소 시작되었다. 물론 간행물의 초기 형태는 비교적 오래전에 나타난 것으로 보인다. 중국에서 최초의 신문은 활판으로 인쇄된 《개원잡보(开元杂报)》라는 주장이 있으나, 이는 근거가 부족하다.[42]

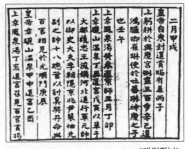

《개원잡보》

또, 청나라 말기에는 송체 목활자로 조판 인쇄한 《경보(京报)》[43]가 이미 존재하였다. '경보' 등은 대나무 종이 또는 모태지(毛太纸, 조금 얇고 거뭇한 종이)를 사용하여, 하루에 많으면 10여 쪽, 적으면 5쪽 정도를 인쇄할 수 있었다. 한 쪽에 8행, 한 행에 23글자가 들어갔다. 접지 부분과 내지의 상하좌우 여백이 없으며, 내용은 궁문초(宮门钞, 주로 조정의 소식을 전하던 청말의 민간 신문)가 가장 우선이었고, 다음으로는 조서(調书), 그다음은 상소(上訴)를 순서대로 배열하였다. 신문 제목이 없으며, 매일 보방(报房, 관보와 서신을 발송하던 곳)이 내각에서 나오는 소식을 베꼈다.

---

42) 손육수(孙毓修)의 『중국활판원류고찰(中国雕版源流考)』에서는 다음과 같이 기록하고 있다. "강릉 양씨가 《개원잡보》 7쪽짜리를 소장한 것이 있는데, 당나라 사람이 새긴 것이고, 한 쪽에 13행이며, 매 행이 열 글자로 되어 있고, 글자는 돈처럼 크며, 경계를 표시하는 선이 있으나, 중앙의 판심이 없다. 마치 당나라 사람의 사본 양식 같으며, 호접장을 했고, 오래 되어 먹글자가 흐릿하여 판별하기가 어렵다." 『중국고적인쇄사(中国古籍印刷史)』에서는 모조품의 사진을 함께 실으며 "베이징 대학 신문전문자료실에서 모조품의 원본을 소장하고 있다"고 언급했는데, 어떤 이가 글을 통해 이 원본은 "사람들이 손육수의 『중국활판원류고찰』에서 《통감(通鉴)》과 관련된 내용을 소개하고 참조한 것을 근거로 디자인하여 만든 것이다. 따라서 『중국고적인쇄사』 속의 《개원잡보》 사진은 완전히 믿을 수 없다는 것을 알 수 있다. 물론 이것으로 당대에 이미 인쇄된 신문이 존재했다는 것을 증명할 수도 없다"고 지적했다. 왕홍상(王洪祥)의 『사료판석(史料辨识)』, 《신문연구자료(新闻研究资料)》 총 제43집 참조.

43) 청대 베이징의 신문방에서 발행한 신문을 모두 '경보'라고 불렀으며, 이는 결코 특정 신문의 명칭이 아니다. 이는 광서 33년(1907) 2월 왕광년(汪康年)이 베이징에서 창간한 《경보(京报)》가 아니며, 5·4 시기의 유명한 기자 소표평(邵飄萍)이 창간한 《경보(京报)》도 아니다.

이러한 간행물과 근대적 개념의 간행물 사이에는 현저한 차이가 존재하는데, 그 차이점은 주로 내용과 전파 범위에서 나타난다. 《개원잡보》등의 당나라 관보는 내용이 대부분 황제의 언행과 국가 대사를 기록한 것이며, 발행 면이 넓지 않았다. 청나라 말기에 나온 《경보》등의 내용도 대체로 위에서 설명한 내용에서 크게 벗어나지 못하였다. 주로 수도의 관아에서 떠도는 소문이었고, 일부는 역우(驛郵, 문서나 서신을 전달하던 기구)를 거치는 등 다른 성의 도회지로 전해지기도 하였다.

이처럼 중국에서 1천여 년 동안 간행물(그 당시에는 아직 요즘과 같은 개념의 신문 또는 잡지 등과 같은 간행물의 구별이 없었다)은 내용 면에서나 전파 속도 면에서 매우 느리게 발전하였는데, 이는 주로 폐쇄적이고 보수적이며 정체되어 있던 봉건 제도 및 그 생산력으로 인하여 초래된 것이었다. 그러던 중 자본주의 경제 발전의 요구에 부응하여 납활자 조판의 활성화와 인쇄술의 기계화가 이루어짐으로써 각종 간행물은 경제 관련 지식과 정보를 전파하고, 서양의 기독교 교리와 더불어 민주주의 사상과 정치·경제 제도 및 과학 기술을 널리 소개하며, 민중의 지혜를 개발하는 중요한 도구 가운데 하나가 되었다.

근대화된 출판 및 인쇄 기술의 수입은 근대적 개념의 간행물 등장을 촉진하였으며, 중국 자본주의 경제의 발전과 보조를 맞추어 중국 사회의 변혁을 촉진하는 긍정적인 역할을 다하였다. 예를 들면, 1828년 말라카 잉와 칼리지(Malacca Ying Wa College) 인쇄소에서 창간한 월간 《천하신문(天下新聞, Universal Magazine)》은, 현존하는 자료에 따르면, 중국어 납활자 조판과 기계화된 인쇄술을 사용한 최초의 중국어 잡지(雜誌)라고 할 수 있다. 이 간행물의 내용은 중국 내외 소식, 종교, 역사, 과학 등을 포함하고 있다. 또한 중국 내에서 최초로 중국어 납활자 조판을 활용한 것은 홍콩 잉와 칼리지 인쇄국이 1853년에 창간한 월간지 《하이관진(遐迩貫珍)》이며, 이 간행물은 전도사가 편집장을 맡았으나 그 내용은 과학, 기술, 역사, 지리, 정치, 상업, 교육, 천문, 의학 등을 포함하여 과학 지식을 위주로 한 것으로, 종교는 내용의 일부분에 불과하였다. 이 간행물은 서양의 과학 기술, 의학위생, 정치 제도, 지역 풍속을 전파하였으며, 당대 민중들의 생각을 일깨우는 등 긍정적인 역할을 한 것으로 평가되고 있다.

중국 근대 출판 역사의 또 다른 특징은 근대적 개념의 출판사(出版社)가 등장하고 경영 방식에 일대 전환점을 가져왔다는 것이다. 중국 최초의 근대적 출판사들은 서양의 기독교회와 선교사들을 포함한 외국인이 설립한 것이었으며, 동시에 근대적 출판인쇄 기술이 도입되었다. 당시 서로 단절되고 봉쇄되어 있던 중국과 서양의 문명이 상호 개방되면서, 기독교 문명과 서양의 신흥 정치·경제 사상과 과학 기술이 중국에 유입되었고, 중국 출판업의 성질을 변화시켜 중국 인쇄 공업의 기초를 다지게 되었다. 중국의 고대 출판업은 기나긴 시간 동안 집안이나 관청에서 출판 및 인쇄 기구를 설치하는 형식을 보존하고 있었으며, 그 성질은 비상업적이었을 뿐만 아니라 대부분이 비일상적이었다.

청나라 말기에 황실에서 설치한 무영전(武英殿) 수서처(修書処)도 예외가 아니었다. 옹정(雍正) 4~6년(1726~1728)까지 무영전은 동활자를 사용하여 1만 권에 이르는 『고금도서집성(古今圖書集成)』을 인쇄하였다. 건륭(乾隆) 38년

『고금도서집성』

(1773)에 건륭제(고종)가 『사고전서(四庫全書)』를 수정할 때, 『영락대전(永乐大典)』 속에서 편집해 낸 잃어버린 서적을 동활자를 사용하여 인쇄하려고 하였으나, 그때 무영전의 동활자와 동판을 상당 부분 도난당하고, 나머지는 동전을 주조하는 데 써버렸다. 건륭제는 관료들의 건의를 받아들여, 무영전에게 대추나무로 크고 작은 활자 253,500개를 제작하도록 명령하였다. 이 활자로 138종 2,300여 권의 잃어버린 서적을 조판하여 인쇄하였는데, 이를 '무영전취진판총서(武英殿聚珍版丛書)'라고 부른다. 훗날 이 대추나무 활자는 오랫동안 창고에 방치되었으며, 여러 가지 이유로 유실되어 현재는 일부만 남아 있는 것으로 알려졌다.

그 밖에도 중국에서는 일찌감치 민간에서 상업적 도서인쇄업이 출현했으며, 상당한 시간 동안 일부 도시의 활판도서 인쇄업이 성황리에 운영되기도 하였다. 그러나 기본적으로 모두 가내수공업 또는 공장수공업의 생산 방식을 벗어나지 못하였다. 다만, 근대적 개념의 출판사가 설립된 이후에야 근대 중국의 계몽 운동과 "서양 학문의 중국 진출"이 가능해졌으며, 중국의 신흥 자산계급의 탄생과 일부 자본주의 제도의 채택을 위한 여론 또한 조성될 수 있었다. 그 결과 근대식 주식회사 형태의 체제 및 경영 방식이 중국 출판업에도 등장하기 시작하였다.

실제로 1897년 2월, 강양(康梁, 캉유웨이와 량치차오) 등이 마카오에서 창간한 《지신보(知新报)》는 주주제(株主制)를 채택하였다. 중국인이 신문사나 잡지사 등 간행물 발행업을 운영하면서 주주제를 채택한 것은 《지신보》가 최초인 것으로 알려져 있다. 1898년 3월, 호남의 유신개혁파 인사가 운영한 신문《상보(湘报)》 또한 자본주의 체제와 경영 방식을 채택하였으며, 이사회(理事會)를 설치하였다. 그리하여 이익의 60퍼센트는 신문사로 귀속시키고, 40퍼센트는 직원을 위한 상여금으로 사용하였으며, 상여금은 업무 태도와 성과에 따라 차등

량치차오　　　　　　　　　　　　　　　　　　　《지신보》

지급하였다. 량치차오(梁启超)가 운영한 《신민총보(新民丛报)》 또한 창간한 지
얼마 되지 않아서 경영 방식을 주주제로 바꾸었다.

　출판사 경영 방식의 변화는 자연히 출판물의 유통 형식에도 큰 변화를 가져
왔다.

　중국에서 도서(서적)는 오랜 기간 동안 손으로 베껴 쓴 다음 여러 사람이 돌
려 읽으며, 친척과 친구의 자제들에게 선물하고, 선현 또는 선인의 전기와 학설
및 국가의 문화·학술 유산을 특정 범위에 속한 관리와 수재가 읽도록 제공하는
등의 형식으로 유통되고 있었다. 민간 도서 시장이 출현한 시기는 비교적 이르
지만, 발전은 느려서 재래시장과 소상인 판매경영 방식이 오랫동안 유지되었
다. 자본주의의 판매업이 이미 시작되었지만, 봉건 제도와 역사적 조건의 제약
때문에 이러한 기업은 한계가 있었고, 전체 출판업에 있어서 주도적인 업체가
아직 형성되지 않은데다가 소수의 점포 외에는 발행(유통) 범위 또한 비교적 좁
았다. 하지만 현대 출판인쇄 기술이 중국에 전래된 후 중국의 근대 출판업은 판
매 분야에서 혁명적 변화가 발생하게 되었다. 그 결과 자본주의 제도 속에서 성
행한 판매 제도, 판촉 방법, 할인 규정 및 상업적 광고 등이 점진적으로 출판업

에서도 나타나기 시작하였다.

이러한 경영 방식의 질적 변화는 중국에 있어 근대 출판업과 고대 출판업을 구분하는 뚜렷한 차이점이 아닐 수 없다.

중국 근대 출판의 또 다른 특징은 출판업계가 형성되고, 업계 내부에서 분업이 시작되었다는 것이다. 중국의 고대 출판에 있어서는 아직 편집, 교정, 인쇄 및 제본 인력을 온전히 갖춘 독립적인 조직을 형성하지 못했기 때문에 당연히 업계 내의 분업도 없었다. 그 당시 관청에는 간혹 각서처(刻書処, 책을 새기는 곳), 수서처(修書処, 책을 수정하는 곳) 등의 기구가 설치되어 있기는 했지만 규모의 한계가 있었고, 편찬 및 판각 임무가 있을 경우에 태학(太学), 한림원(翰林院) 등에서 임시로 관리들을 뽑아 편찬하고 판각을 구성하였다. 임무를 마친 후에는 인력이 전부 또는 대부분 해산되었다. 가정이나 사원에서 책이나 경전을 판각하려고 할 때는, 가정이나 사원에서 자체적으로 편찬 및 판각 인력을 구성하였으며, 임무를 완성한 뒤에는 역시 인력을 해산시켰다. 당시 주관자는 자신이 편찬하거나 책을 쓰거나 판각을 새기는 등 종종 실제 업무에 참여하였다.

민간에서 상업적 도서 판각 점포, 경전 판각 점포, 서적 판매 점포 등이 생겨났지만, 일반적으로 규모가 작았다. 또한 편찬과 판각은 아직 판매와 분업이 이루어지지 않았다. 업주는 보통 판각 또는 글쓰기를 잘하였는데, 자신이 이 분야에 종사하면서 동시에 편찬 업무를 관리하기도 하였다. 다시 말해, 중국의 고대 출판은 외부 관계에서 봤을 때 하나의 사회적 업종을 형성하지 못하였으며, 내부 관계에서 봤을 때 구성원 사이에도 역시 분업이 형성되지 않았다.

근대 출판은, 한편으로는 활자 조판과 기계화된 인쇄 기술을 채용하여 속도는 크게 증가하고 생산 비용은 절감되었기 때문에 대량 복제 및 독자 증가에 따른 제반 조건을 충족시킬 수 있게 되었다. 동시에 상업적인 대규모 판매와 편집, 인쇄 기술을 구비하여 전문화를 이룩함으로써 근대 출판은 그 기반을 착실하게 다져나갔다.

이러한 근대 출판은 제일 먼저 인쇄 부문에서 시작되었다. 활자 조판과 기계화된 인쇄술의 발명 이후 도서판매상도 인쇄출판업자의 면모를 갖추기 시작하였다. 근대적 개념의 출판사가 존재하지 않았던 이전에는 인쇄기술자, 출판업자, 편집자 등의 명확한 분업도 없었다. 생산력이 한 단계 발전함에 따라 문화산업의 발전을 촉진하였으며, 사회에 도서 및 잡지나 신문 등을 필요로 하는 사람들이 늘어난 데다가 신속한 출판과 더불어 우수한 기술 및 광범위한 발행에 대한 사회적 요구의 증가, 그리고 출판사끼리의 경쟁의 심화는 출판업계 내부의 전문적 분업을 촉진하였다. 그리하여 전문적으로 도서 간행물 생산에 종사하는 출판자 및 편집자는 도서 판매상 및 인쇄 공장에서 분리되어 나왔다. 이는 훗날 다시 전문적으로 원고 모집, 원고 심사, 원고 가공(정리), 디자인, 교정교열 등의 편집 업무로 분화되었다.

이 시기에 설립된 출판사는 서국(書局), 서점(書店), 인서관(印書館) 등과 같이 여전히 그 명칭에 전통이 녹아 있었다. 예를 들어, 1897년 설립된 상무인서관(商务印書館), 1898년에 건립을 계획하고 1900년에 정식으로 영업을 시작한 양주문통서국(扬州文通書局), 1902년 설립된 문명서국(文明書局), 1912년 설립된 중화서국(中华書局) 및 1930년의 상하이용문서국(上海龙门書局), 1932년 '저우타오펀(邹韬奋, 추도분)'이 운영했던 생활서점(生活書店) 등은 모두 편집소,

상무인서관

중화서국

생활서점                           장타이엔

편집부, 편집위원회, 인쇄 공장, 인쇄소, 발행소, 발행부 등을 차례로 설립하였다. 또한 1905년 10월 창간한 중국동맹회 기관보《민보(民報)》는 편집부를 설치하고 '장타이엔(章太炎, 장태염)'이 총편집을 담당했었다.

이상에서 살핀 것처럼 납활자 조판과 인쇄 기술의 기계화가 중국에 전래된 이후 중국 출판은 수공 복제에서 생산의 기계화로 발전하면서, 정보의 전파와 교류에 있어 공간과 시간의 한계를 극복하게 되었다. 또한 출판 그 자체의 성질, 기구, 출판물의 내용, 편집 사상, 경영 방식, 인력 구성 등 수많은 측면에서 커다란 변화를 가져옴으로써 근대 출판의 토대를 갖추게 되었다.

아울러 중국 근대 출판 시기의 주요 사항에 대해서는 중국 근현대 출판 연구의 권위자인 '예짜이성(叶再生)'의 2002년판 『중국근대현대출판통사(中國近代現代出版通史)』를 보면 잘 알 수 있다. 특히 제1권은 청조 말년(淸朝末年)의 중국 근대 출판문화사를 집중적으로 다루고 있어 주목된다. 베이징 소재 화문출판사(華文出版社)에서 간행된 이 책의 목차를 살펴보면 다음과 같다.

- 난징진링대학당출판사(南京金陵大学出版社)
- 광시우저우(广西梧州) 화난연합출판사(华南联合出版社)
- 시안(西安) 영국침례회출판사
- 우한 지역
  - 한구(汉口) 스코틀랜드 성경회출판사, 한구 성교서회(汉口圣教書会)
  - 출판사와 격비당(格非堂 - 교회)
  - 우창문화서원출판사(武昌文化書院出版社)
- 장시-허난-후난 지역
  - 주장화중서관(九江华中書館)
  - 허난 상제현(河南上蔡县) - 상하이 시조보관(上海时兆报馆)과 후난 장사(湖南 长沙) 종교전파출판사
  - 후난 침주(湖南郴州) 복음출판사
- 쓰촨 지역
  - 가정 교문관(嘉定教文官) - 성도 화영서국(成都华英書局)
  - 충칭 백과수서원(重庆白果树書院)과 서국(書局)
- 베이징-허베이 지역
  - 하북 통주화북협(通州华北协)과 대학출판사
  - 영국 성공회출판사와 베이징 북당출판사(北堂出版社)
- 산동 지역
  - 유현광문학당인서방(潍县光文学堂出版社), 위해위종교출판사(威海卫宗教出 版社)
- 홍콩 및 기타 지역
  - 홍콩 나사렛출판사(香港拿撒勒出版社)

제4장 기독교 출판사의 출판물
제1절 중국어 성경 및 전도용 읽을거리
제2절 자전, 사전 등의 레퍼런스 도서
제3절 신문, 잡지
1. 《제세속매월통기전(察世俗每月统计传)》
2. 《인지수문(印支搜闻)》, 《특선촬요매월통기전(特选撮要每月统计传)》과 《천하신문(天下新闻)》
3. 《중국총보(中国丛报)》
4. 《동서양고매월통기전(东西洋考每月统计传)》

제2장 현대적 개념의 관영 출판번역 기구의 출현—경사동문관(京師同文館)의 설립
제1절 동문관 설립의 배경
제2절 동문관 설립 과정
제3절 동문관의 번역서, 출판 기구와 출판물

제3장 상하이광방언관(上海广方言馆)과 광저우동문관(广州同文馆)
제1절 상하이광방언관
제2절 광저우동문관

제4장 강남제조국번역관[江南制造局翻译馆, 학관(学馆)]
제1절 학관 설립 연혁
제2절 학관의 학제, 교학 내용 및 번역 방법
제3절 인쇄처와 출간 도서의 종류
제4절 강남제조국번역관의 역할과 특징

제5장 잊혀진 근대 초기 출판 단위—해관조책처(海关造册处) 및 해관출판사(海关出
版社)
제1절 해관조책처와 해관출판사의 설립
제2절 조책처, 해관출판사의 주요 임무와 출판물

제6장 각지의 기기국(机器局), 수사학당(水師学堂), 무비학당(武备学堂)의 번역출
판 활동
제1절 푸저우 선정학당(福州船政学堂)의 번역출판 활동
제2절 톈진기기국(天津机器局)과 베이양무비학교(北洋武备学校)의 번역출판 활동

제7장 관방 서국의 설립
제1절 진링서국(金陵書局), 취진서국(聚珍書局), 장쑤서국[江苏書局, 쑤저우서국(苏州書局)]
및 회남서국(淮南書局)
제2절 저장서국(浙江書局)
제3절 후베이서국(湖北書局)과 후베이여도총국(湖北與圖总局)
제4절 후난서국(湖南書局)과 사현서국(思賢書局)
제5절 광야서국(广雅書局)
제6절 산둥서국(山东書局), 광둥서국(广东書局) 및 기타

2. 주요 내용: 정치 논의 발표, 서양 학문의 소개와 변법의 고취
  − 최초로 중국인에게 사회주의와 마르크스 사상을 소개하다
  − 중국인에게 다윈의 "생존경쟁과 자연존재"설을 비교적 체계적으로 소개하다
  − 가장 큰 특징: "새로운 정책으로 바꾸기"를 적극적으로 선동하다
  − 중국의 국가 경제와 민생에 이익이 되는 글들을 발표하다
제6절 《중서교회보(中西教会报)》, 《대동보(大同报)》 및 기타
제7절 서적의 출판─또 다른 중요한 활동
  1. 출판 방침의 변천과 내용의 특색
  2. 초기 출판된 주요 도서 목록
  3. 비교적 큰 영향력을 지닌 저작
제8절 간행물 발행 및 기타 업무
제9절 세 가지 영향

제4장 유신변법운동의 시작과 캉유웨이의 출판 활동
제1절 청년 캉유웨이의 "서양으로부터 진리를 찾는" 변법 행동
제2절 무리를 모아 강의하며 유신의 핵심을 육성하다─캉유웨이가 설립한 만목초당(万
  木草堂)
제3절 저술하고 이론을 세워, 유신변법의 이론적 체계를 세우다
  − 《신학위경고(新学伪经考)》─미신을 타파하고, 보수적 사상 체계를 무너뜨리는
    저작
  − 《공자개제고(孔子改制考)》─큰 깃발을 빼앗고, 입법 이론의 기초를 세우는 저작
  − 《대동서(大同書)》─"대동 세계"를 대담하게 탐색하고 묘사하는 학술 저작

제5장 결사금지를 뚫고 강학회(强学会)가 설립되고, 정치를 논하는 간행물이 발전
  하다
제1절 상서로 정견을 드러내며, 유신변법활동이 격렬해지다
제2절 금지법망을 뚫고 베이징강학회(北京强学会)가 수립되고, 《만국공보(万国公报)》《중
  외기원(中外纪闻)》)를 발간하다
제3절 상하이강학회(上海强学会)가 이어 설립되고, 학회가 처음으로 두각을 나타내다
제4절 상하이강학회와 강학보의 요절과 작은 불씨가 큰 불이 되다
제5절 하나로 이어지다─《시무보(时务报)》의 창간
제6절 《창언보(昌言报)》─두 파의 투쟁의 산물

## 3) 일본의 근대 출판문화

메이지 시대에 들어서면서 일본의 출판 상황 또한 급변하게 된다. 그 배경에는
이른바 4대 근대화가 자리 잡고 있었다.[44]

① 따라잡고 따라 넘는 근대화: 학술 번역서의 기관출판 발행

② 전 국민 교육에 의한 근대화: 교과서 발행을 위한 대량 생산 및 대량 판매 체제의 구축

③ 지식·정보의 분화 및 대중화에 의한 근대화: 신문·잡지·서적 발행의 활성화

④ 인쇄 기술 혁신에 의한 근대화: 목판 인쇄에서 활판 인쇄로의 혁신

하지만 메이지 초기에는 근대 국가 건설에 필수적인 이념과 제도를 확립하
고 근대적 개념의 과학 기술을 수용하려고 해도 당시 일본에는 이를 담아낸 저
작물이 거의 없었다. 다만, 당시 일본에서는 쇼헤이(昌平)학교(메이지 원년인
1868년 개교)와 가이세이(開成)학교(1869년 개교) 등에 서양학을 공부한 학자들
이 대거 포진하고 있었다. 쇼헤
이학교는 1869년 6월에 대학교,
1870년 12월에는 대학이 되었
으며, 가이세이학교는 대학남교
(大学南校), 의학교(医学校)는
대학동교(大学東校)로 개편되었
다. 그리고 메이지 정부 문부성
은 이 가이세이학교와 쇼헤이학

가이세이학교(현 도쿄대학)

---

44) 著作權法百年史編纂委員會 編著(2000). 著作權法百年史. 東京: 著作權情報センター. 39쪽 참조.

교에 설치되어 있던 교육 및 언론 관련 행정뿐만이 아니라 소장하고 있는 도서 등 지식의 집성, 대학남교 및 동교에 있던 인쇄 시설 및 출판 사업을 이어받게 되었다. 당시 대학에는 어휘 담당·속역(俗譯)[45] 담당, 남교에는 번역국(飜譯局), 동교에는 의학서적 번역 담당이 있었기 때문에 이로써 메이지 시대 기관출판 사업은 문부성에 집중되었다.

다음의 〈표 1〉은 야하기 카츠미(矢作勝美)가 『문부성 출판서목(文部省出版書目)』에서 1870년부터 1884년에 이르는 메이지 시대 초기의 소학과업서(小学課業書), 백과전서(百科全書), 직할학교(도쿄대학, 도쿄외국어학교, 도쿄사범학교 등)의 출판·지도·괘도 등을 제외한 문부성 발행 관판 저작물을 집계한 것이

〈표 1〉 메이지 시대 초기의 관판 서적 발행 현황

| 분야 | 발행종수<br>( )안은 번역서 | 내활(內活)판<br>( )안은 번역서 |
|---|---|---|
| 교육서(敎育書) | 26 (22) | 18 (17) |
| 이학서(理学書) | 3 (3) | 2 (2) |
| 수신서(修身書) | 9 (5) | 4 (4) |
| 법률서(法律書) | 16 (15) | 2 (2) |
| 이학경제서(理学経済書) | 12 (12) | 5 (5) |
| 물리화학서(物理化学書) | 10 (10) | 3 (3) |
| 공학서(工学書) | 2 (2) | 2 (2) |
| 수학서(数学書) | 10 (6) | 4 (3) |
| 지리지질서(地理地質書) | 9 (2) | 3 (2) |
| 박물서(博物書) | 10 (6) | 3 (1) |
| 농학서(農学書) | 3 (3) | 2 (2) |
| 광물서(鉱物書) | 3 (2) | 2 (1) |
| 의서·생리서(医書·生理書) | 7 (7) | 4 (4) |
| 역사서(歷史書) | 19 (14) | 5 (4) |
| 미술서(美術書) | 12 (8) | 5 (5) |
| 기타 | 13 (7) | 2 (2) |
| 합계 | 164 (124) | 66 (59) |

*출처: 著作權法百年史編纂委員會 編著(2000), 著作權法百年史, 東京: 著作權情報センター, 40쪽.

---

45) 속어(俗語)로 번역하는 것. 즉, 통속적 번역을 뜻함.

다. 이는 특히 번역에 의한 출판이 기관출판에 있어 차지하는 비중이 얼마나 큰지 잘 보여 주는 통계라서 주목된다. 대략 70퍼센트 정도가 번역서이며, 그중 다수가 서양 학자의 지식을 통해 완성된 것임을 알 수 있을 뿐만 아니라, 다양한 분야에 걸친 번역 출판이 일본의 근대화, 나아가 출판 산업 발전에 얼마나 큰 영향을 미쳤는지 알 수 있다. 여기에 직할 학교의 번역 교과서까지 추가하게 되면 번역 없이는 당시 출판 상황을 논할 수 없을 정도이다.

한편, 메이지 5년(1872) 8월 3일, 문부성 포고(布告)로 학제가 반포되어 전 국민 교육을 지향하게 되었다. 하등 소학교는 6~9세, 상등 소학교는 10~13세까지 다니게 되었으며, 하등 소학교의 교과목은 철자(綴字), 습자, 단어, 회화, 독본, 수신(修身), 독서, 문법, 산술, 양생법, 지학대의(地学大意, 지리 개요), 이학대의(理学大意, 이학 개요), 체술(体術), 창가(唱歌) 등 모두 14과목. 상등 소학교는 여기에 사학대의(史学大意, 역사학 개요), 기하학·괘학(罫画)대의 등의 6과목, 경우에 따라 외국어, 기부(記簿) 등의 4과목을 추가하였다. 이들 교과의 순서, 교과서의 유무에 따라 정식과 변칙으로 나누었다. 따라서 정규 교육을 지향한 문부성으로서는 교원 양성과 교과서의 발행이 매우 시급한 과제가 아닐 수 없었다. 이 때문에 문부성은 1871년, 대학 어휘·속역 담당·대학남교 번역국·동교 의서(医書) 번역 담당을 통합한 편집 관료를 1872년 10월에 교과서 편성 담당으로 바꾸었고, 도쿄사범학교에도 편집국(編輯局)을 개설했다. 뒤이어 1873년 3월에는 편서과(編書課)를 설치하였고, 5월에는 도쿄사범학교 편집국을 흡수하여 교과서 발행에 온 힘을 쏟았다. 나아가 민간 교과서 발행을 촉진하였을 뿐만 아니라 교과서에 적합한 것을 자주적으로 선택하여 자유롭게 사용할 수 있도록 장려하였다. 또, 이미 일부에서 행해지고 있었던 문부성 발행 서적의 일반 번각을 허가하였다.

1876년 당시 발행된 《문부성보(文部省報)》에 의하면, 소학 교과서 162종 중에서 문부성 편찬 교과서는 60종, 그 외의 기관출판이 25종이었고, 나머지 77종은 민간에서 발행에서 발행한 것이었다. 문부성 발행의 60종 교과서 총 발행 부수는 35만 1,468권이었는데 반해, 당시 취학 아동 수는 205만 6,566명, 소학교 2만 4,947 개교, 교원 5만 2,262명이었으니, 문부성 발행 교과서만으로는 그 수요를 충족시키지 못하는 상황이었음을 잘 알 수 있다.

이상에서 살핀 바와 같이 메이지 시대 초기의 출판은 서양학자들이 이끌어나가고 있었다. 민간 출판사에서도 출판 허가를 받은 서적 발행 통계를 찾아볼수 있다.

당시 일부에서 행해졌다고는 하지만 1873년부터는 지방에서도 번각 허가를

〈표 2〉 민간 출판사 서적 발행 통계

| 연도 | 구분 | 부수(합) | |
|---|---|---|---|
| 메이지 4년도(1871년 8~12월) | 저술 | 73부 | |
| | 번역 | 23부 | 합계 96부 |
| 메이지 5년도(1872년) | 저술 | 622부 | |
| | 번역 | 164부 | |
| | 재각*1 | 11부 | |
| | 번각 | 24부 | 합계 821부 |
| 메이지 6년도(1873년) | 저술 | 1,044부 | |
| | 번역 | 292부 | |
| | 재각 | 20부 | |
| | 번각 | 9부 | 합계 1,365부 |
| 메이지 7년도(1874년) | 저술 | 740부 | |
| | 번역 | 230부 | |
| | 번각 | 418부 | |
| | 서양 문서 | 2부 | |
| | 그 외*2 | 313부 | |
| | 신문*3 | 29종 | 합계 1,732부 |

* 원주 *1. 재각(再刻)은 중판(重版)을 가리킨다.
  *2. 단어 및 표와 같이 문장의 형태를 띠고 있지 않은 것.
  *3. 메이지 7년(1874) 출판 허가 수(『文部省第一年報』 메이지 6년(1873), 『文部省第二年報』 메이지 7년(1874).
* 출처: 『有斐閣百年史』.

부여받아 교과서 발행이 가능하도록 법이 개정되어 있었다. 물론 지방 관청에서는 서적 발행을 할 수 없었으므로 실제 인쇄·제본·판매는 각 현청 소재지에 있는 주요 서점에서 담당하였다. 하지만 이후에는 서점에서 직접 허가를 받아 번각하여 판매할 수 있었을 뿐만 아니라, 같은 지역 내의 우리사바키쇼(売捌所)[46]에 배포할 수 있게 되었다. 그뿐만 아니라 간혹 현의 경계를 넘어 각지의 우리사바키쇼를 통하여 판매하기도 하였다. 다른 현의 서점이 다른 교과서를 복각한 경우에는 서로 그것을 팔아주거나 우리사바키쇼에 배포하기도 하였다. 이 때문에 현청 소재지의 유력 서점을 거점으로 한 교과서 판매 방법은 일반 서적, 잡지 판매 루트로도 이용하게 되었다. 이처럼 서적의 대량 생산 및 대량 판매의 첫 걸음은 교과서로부터 시작되어 전국적인 서점 판매망으로 발전해 나간 것이다.

또한 일반 도서와 더불어 신문 및 잡지 등 정기간행물의 발행도 증가하기 시작하였다. 메이지 시대에 설립된 대표적인 법률서적 출판사인 '유비각(有斐閣)'의 역사를 다룬 『유비각백년사(有斐閣百年史)』의 저자 야하기 카츠미(矢作勝美)는 "당시 출간된 서적은 대부분 신판으로 간주할 수 있겠지만, 일부는 종래의 판(板)을 사용하여 찍어 낸 것들도 있었다. 그러나 중판의 분야는 주로 에도 이래 구사조시[47] 계통의 읽을거리나 한문 서적 계통에 속해 있었던 것으로 여겨진다"(저작권법100년사편찬위원회 편, 2000, 42~43쪽)라고 말하고 있다. 당시 출간된 서적에서 국내 저서 대비 번역서 비중을 살펴보면 번역서가 30퍼센트 가까운 비중을 차지하고 있었다. 국내 저서도 상당수가 해외 사정을 전달하는 내용이었다는 점에서 메이지 시대는 그야말로 서양 학자들의 시대였다고 할

---

46) 관공서 등의 불요품(不要品)이나 특정 물품을 팔 수 있도록 지정 받은 상점.
47) 구사조시(草双紙): 에도 시대의 그림이 들어 있는 대중적인 일본 소설을 통칭하는 말. 단순히 그림책이라는 견해도 있었으나, 점차 성인을 위한 요소도 등장하게 되었다.

수 있다.

이 같은 양상은 신문이나 잡지에서도 그대로 나타났지만 당시로서는 신문과 잡지 사이에 거의 구분이 없었던 것으로 보인다. 메이지 4년(1871), 기도 타카요시(木戸孝允)가 출자하여 발간한 잡지 제호를 《신문잡지(新聞雜誌)》라고 하였던 것만 봐도 알 수 있거니와, 메이지 원년인 1864년에 하마다 히코조우(浜田彦蔵)가 발행한 《해외신문(海外新聞)》도 당초에는 《신문지(新聞誌)》라고 하였다. 이는 분큐(文久) 원년인 1861년 나가사키에서 발행된 《THE NAGASAKI SHOPPING AND ADVERTISER》처럼 영문으로 쓰여 있었다.

일본 신문 또는 잡지의 시발점은 막부에서 나온 것으로는 1861년 12월에 나온 《관판 바타비아 신문(官板バタヒヤ新聞)》(番書調所)으로 바타비아(Batavia) 네덜란드 총독부 기관지의 번역 신문이었다. 민간에서 발행된 것으로는 1867년 10월, 야나가와 순조(柳川春三)가 창간한 《서양잡지(西洋雜誌)》였으며, 이것을 일본에서 가장 오래된 잡지라고 볼 수 있다. 하지만 이것도 각지의 영문 간행물에서 따온 것을 번역한 것에 불과하였다. 《서양잡지》는 발행인 야나가와가 세상을 떠난 1869년 9월까지 모두 6호를 간행하였다. 번역을 벗어나 항간의 뉴스를 담은 잡지로는 1868년 오사카에서 간행된 《메이지월간(明治月刊)》을 들 수 있다. 그런 의미에서 이를 일본 최초의 잡지라고 보는 견해도 있다.

야나가와 순조

이처럼 《서양잡지》 이래 1877년까지 창간된 잡지는 180여 종에 이르렀으며, 그중 대부분은 신문사에서 발행된 것이었다. 그러던 중 언론, 정치, 경제 기사를 망라한 메이지 시대 초기의 오피니언 리더 저널이라고 할 수 있는 잡지가 등장하게 되는데, 1873년 모리 아리노리(森有礼)의 제의로 생겨난 메이로쿠샤에서 1874년에 발행하기 시작한 《명륙잡지(明六雜誌)》가 바로 그것이었다.[48] 창간호에는 "서양 문자를 통해 국어를 쓰는 논의"(니시아마네), "개화를 맞아 개정 문자를 만들어야 한다는 논의"(니시무라 시게키) 등의 글이 실려 있었다. 오락 관련 기사가 전혀 없었음에도 불구하고 한 해 동안 10만 5,984부가 팔렸는데, 당시 가장 많이 팔렸다는 신문도 8,000부에 그쳤을 정도라고 하니 당시로서는 매우 놀라운 판매량이 아닐 수 없었다.

《명륙잡지》

그 밖에 민간에서 발행된 최초의 신문은 《서양잡지》를 창간한 야나가와 순조가 1868년에 발행한 《중외신문(中外新聞)》이었으나 이것 역시 야나가와의 사망과 함께 폐간되었다. 그리고 일간지의 효시라고 할 수 있는 신문은 1871년 1월에 창간된 《요코하마 매일신문(橫浜毎日新聞)》이었다. 도쿄에서 최초로 나온 일간지는 1872년 2월에 창간된 《도쿄일일신문(東京日日新聞)》[49]이었으며, 문부성 제2연보에 의하면 1874년에만 창간 허가를 받은 신문만 29개에 이르렀다고 한다. 나아가 당시 막부 휘하의 수많은 서양 학자 및 지식인들이 신문사에 들어가 필봉을 휘둘러 메이지 신정부에 대한 비판 활동을 벌였다.

그리하여 급기야 메이지 7년(1875) 6월에는 신정부에 대한 비판을 금지하는 신문지조례, 참방률(讒謗律)[50]에 의한 탄압이 시작되었다. 특히 신문지조례는

---

48) 니시무라 시게키(西村茂樹), 니시아마네(西周), 가토 히로유키(加藤弘之), 사카타니 시로시(阪谷素), 츠다 마미치(津田真道), 나카무라 마사오(中村正直), 미츠쿠리 슈헤이(箕作秋坪), 미츠쿠리 린쇼(箕作麟祥), 스기 코지(杉亨二), 후쿠자와 유키치, 칸다 타카히라(神田孝平), 다나카 후지마로(田中不二麿), 시미즈 우사부로(淸水卯三郎), 츠다 센(津田仙) 같은 당시 일본을 대표하는 지식인들이 창간 작업에 참여하였다.

49) 오늘날의 마이니치신문(邁日新聞)이다.

50) 정부 비판을 규제하기 위하여 공포된 언론 통제법. 구체적으로는 메이지 시대 초기 명예훼손에 대한 처벌을 규정한 법률로, 활발한 언론 활동과 자유민권 운동에 힘입어 신문 기고나 풍자화 등을 통하여 천황을 비롯한 위정자를 비판하는 것을 막기 위하여 제정된 것으로 알려져 있다. 일본 위키피디아 참조.

점차 고조되기 시작한 자유민권 운동에 직면한 정부가 신문발행조목을 실질적으로 개정한 결과였다. 신문지조례(전문 16조)는 종전의 신문 법규에 투영된 교도적 내용을 일소하고 엄벌주의를 통해 반정부적 언론 활동의 억제에 역점을 두고 있는데, 주로 19세기 전반의 프랑스 출판 법제를 작위적으로 섭취한 산물이었다.(奥平康弘, 1967b, 73쪽) 당시 출판 관련 형사 규정을 정하는 방법은 출판법 그 자체에 출판 형사범의 내용과 형벌을 규정하는 프랑스·벨기에 유형과 출판 형사범을 기본적으로는 일반 형법의 규정에 따른 것으로 해석하고 특별 사항에 대해서만 출판법에 규정하는 독일·오스트리아 유형으로 크게 나눌 수 있었다.(奥平康弘, 1967a, 69~70쪽) 결국 신문지조례와 참방률은 언론 활동을 규제하는 데 초점을 두었다면 출판조례는 출판물을 통한 정부 비판을 통제하는 강력한 제도적 장치였던 셈이다.

한편, 메이지 시대 초기의 활자 매체 발달을 뒷받침한 것은 바로 인쇄 기술의 혁신, 즉 목판 인쇄를 대신한 근대적 활판 인쇄의 등장이었다. 활판 인쇄의 발달은 매스미디어, 특히 초기 일간 신문 발행을 가능하게 한 일대 사건이었다. 특히 일본의 경우에는 일본 문자의 금속 활자 주조에 성공한 것이 결정적인 계기가 되었다. 중국의 과학적이고도 합리적인 호수(號數) 활자 체계에 주목하여 그것을 만들어 내기 위해 전태 모형(電胎母型)을 만들고 금속 활자를 주조함으로써 근대 일본 인쇄술의 창시자로 불리는 모토기 쇼조(本木昌造, 1824~1875)가 이룬 업적이기도 하였다. 목판 또는 조각 활자는 수작업으로 한 글자 한 글자를 만들어 나가야 하는 데 반하여 주조 활자는 1개의 모형에서 기계적으로 대량 생산을 할 수 있다는 장점이 있었다.

모토기 쇼조

나가사키의 네덜란드어 통역사였던 모토기 쇼조

는 1848년 우연히 네덜란드 상선을 통하여 동료와 함께 인쇄기 및 활자 등을 한 세트 장만하면서 인쇄에 흥미를 갖게 되었다고 한다. 그리고 자신이 지은『난화통변(蘭和通弁)』을 그 인쇄기를 사용하여 찍어 냈다. 이후 모토기는 데지마(出島) 인쇄소나 나가사키 제철소를 경유하면서 인쇄술을 가르치는 신가이 사숙(新街私塾)을 열어 활판 제조의 기업화를 노렸지만 납 합금을 흘려 넣는 모형 제작 방식으로는 가느다란 선이나 글자의 변화를 표현할 수 없었으므로 좀처럼 일이 진행되지 않았다. 그렇지만 모토기는 1869년, 상하이의 미화서관(美華書館)[51]에서 전태법(電胎法)[52]을 고안한 윌리엄 갬블(William Gamble)을 나가사키에 초빙할 수 있었다.

이러한 배경 아래 1876년 10월, 활자를 한층 더 개량하여 일본의 인쇄 기술을 향상시킨 슈에이샤(秀英舍)[53]가 등장하였다. 슈에이샤는 1871년에 목판으로 간행된 새뮤얼 스마일즈(Samuel Smiles) 지음·나카무라 마사나오(中村正直) 번역의『서국입지전(西国立志伝)』을 활판 인쇄로 재간행하였을 뿐만 아니라 장정(裝丁)을 함에 있어 보리짚을 원료로 한 종이를 사용하여 양장본을 만드는 데 성공하였다. 그리고 이 책이 당시 베스트셀러가 됨으로써 양장 활판본을 순식간에 보급시키는 성과를 거두게 되었다.

이후 1880년에는 교과서 인쇄 방식을 활판 인쇄로 바꾸게 되면서 드디어 신문·잡지·서적 인쇄 기술의 혁신에 탄력이 붙게 되었다. 1869년에 창설된 도쿄 활판인쇄업 조합의 규모는 1880년 당시 104개 사, 105개 공장, 인쇄 기계 478대, 공장 노동자는 약 1,800명에 이르렀다.

윌리엄 갬블

---

51) The American Presbyterian Mission Press: 미국 장로회가 중국에 설치한 출판 및 인쇄 기구.

그 밖에 메이지 시대의 출판 관련 법규를 보면 언론 및 출판의 자유라는 측면에서 1889년 2월 공포된 메이지 헌법 제29조 "일본 신민은 법률의 범위 안에서 언론과 저작, 인행(印行) 및 집회와 결사의 자유를 갖는다"는 규정을 뛰어넘는 것이 전혀 없음을 알 수 있다. 이 시기는 일본이 근대적 입헌 국가로 성장하는 과정에서 다양한 법제도를 정비하는 한편, 부국강병 정책과 그것에 따른 대외팽창 정책을 추진하여 '청일전쟁'이라는 역사적 사건을 경험한 시기이기도 하였다. 이러한 정세를 배경으로 언론 및 출판 활동은 통제 강화의 흐름 속에서도 더욱 활발하게 전개됨으로써 국민 생활을 서서히 향상시켰고, 국내외 정세에 대한 대중의 관심을 높여 나갔다. 출판물 발행 종수(〈표 3〉 참조) 또한 급격히 늘어남으로써 출판의 대중화가 급속하게 진전되었다.

이리하여 출판물 수요가 높아지던 때에 이후 메이지 시기를 대표하는 대형

---

52) 자모(字母)의 제조 방법의 한 가지로, 종자(種字)의 전해(電解)로써 구리나 아연을 두껍게 입힌 다음, 그것을 벗겨내서 마데에 끼워 자모를 만드는 방법. 그 구체적 방법에는 직접법·간접법·다이캐스팅(diecasting) 법이 있는데, 이러한 방법들에 의해 만들어진 것을 '모태자모'라고 한다. 첫째로 직접법이란 이미 만들어진 활자를 종자(種字)로 하거나 또는 지금(地金)으로 활자 크기의 몸통을 만들어 글자를 조각, 이를 종자로 하여 황산동액(黃酸銅液)의 전도조(電鍍槽)에 매달아 전주(電鑄)를 한 다음, 이에 아연을 두껍게 입힌 뒤에 놋쇠의 마데재(字母材)에 끼워 넣어 자모를 만드는 것을 말한다. 둘째로, 간접법은 조금 복잡한데, 먼저 지케재(材)의 목재 구형(木材口形)에다 활자와 같은 좌향의 글자를 조각하여 활자와 똑같은 목판을 만든 뒤에 그 표면을 유지석(油砥石)으로 평평하고 매끄럽게 문지른다. 그다음, 납분(蠟盆)과 합하여 압착시켜 자형(雌型)을 만들어 그 표면에 그래판팅을 칠한 뒤에 이를 전동조(電銅槽)에 매달아 전주하면 종자와 동일한 동(銅)의 원형이 된다. 그러면 그에 시안화은액을 도포하고 표면에 은도금을 한 뒤에 다시 전동조에 매달아 전주하면 활자와 반대인 우향의 오목 글자와 같은 동(銅) 컬러가 되며, 그 뒷면에 아연을 유출시키면 중간에 놋쇠층이 발생하여 도금되는데, 이를 마데재에 끼워 넣으면 자모가 되는 것을 말한다. 셋째로, 다이캐스팅 법은 위의 간접법과 같으나, 동 컬러에다 녹인 놋쇠재를 직접 주조해서 마데재를 동 컬러로 만들어 끝손질하는 방법을 말하는데, 이는 다량의 자모를 제조할 수 있는 것이 특징이다. 이러한 전태법은 서양에서 발명된 것으로, 중국에는 1870년경 상하이 미화서관의 인쇄 기술자였던 미국인 윌리엄 갬블에 의해 도입되었다. 그리고 우리나라에는 일본인의 손을 거쳐 1880년경에 전해졌는데, 1920년 창간된 조선일보는 이 전태법에 의해 만들어진 경편자모(輕便字母)를 사용하여 활자를 주조했다고 한다. 그러나 1886년 벤턴자모조각기(Benton matrix cutting machine)가 발명되자, 전태법에 의한 자모의 제조는 점차 사용되지 않게 되어 오늘날에는 거의 사라지게 되었다. 출처 : 한국언론진흥재단.

53) 현재의 대일본인쇄를 말한다.

청일전쟁

**〈표 3〉 메이지 시대 출판종수 추이**　　　　　　　　　　　　　　　　(단위: 종)

| 연도 | 전체 종수 | 저술 | 번역 | 편집 | 번각 |
|---|---|---|---|---|---|
| 메이지 15년(1882) | 7,648 | 2,817 | 281 | 3,934 | 616 |
| 메이지 17년(1884) | 9,893 | 2,765 | 303 | 6,154 | 671 |
| 메이지 19년(1886) | 8,105 | 2,481 | 451 | 4,349 | 824 |
| 메이지 21년(1888) | 12,718 | 5,528 | 456 | 6,183 | 551 |
| 메이지 23년(1890) | 18,720 | 7,476 | 223 | 10,580 | 441 |
| 메이지 25년(1892) | 21,449 | 7,358 | 155 | 13,936 | – |
| 메이지 27년(1894) | 27,520 | 8,720 | 185 | 18,615 | – |

*출처: 내각통계국 조사 자료 / 著作權法百年史編纂委員會 編著(2000).

출판사로 성장하는 박문관(博文館)이 1887년 6월에 문을 열었다. 이미 현존하는 출판사로는 가네하라출판(金原出版, 1875년), 유비각(有斐閣, 1877년), 춘양당(春陽堂, 1878년), 남강당(南江堂, 1879년), 삼성당(三省堂, 1880년), 부산방(富山房, 1886년), 가와데서방(河出書房, 1886년) 등이 있었고, 1887년에는 대일본도서(大日本図書)가 출판 활동을 개시함으로써 근대 일본 출판의 초석이 단단하게 다져지기 시작하였다. 같은 해 11월 6일에는 기존의 도쿄서림조합(東京書林組合) 및 지혼상점조합(地本問屋組合)을 해체하고 금항당(金港堂)의 하라 료자부로(原亮三郎)를 필두로 도쿄 서적출판영업자 조합(東京書籍出版営業者組

合)—이후 도쿄서적상조합(東京書籍商組合)으로 개칭—이 창립되었다. 당시 조합원은 131명이었고, 12월 23일 도쿄 부지사로부터 정식 허가를 받았다. 이후 도쿄 서적출판영업자 조합은 출판업계의 중심적 단체로서 활동해 나가기 시작하였다.

결국 ① 학술 번역서의 기관출판 발행, ② 교과서 발행을 위한 대량 생산 및 대량 판매 체제 구축, ③ 신문·잡지·서적 발행의 활성화, ④ 목판 인쇄에서 활판 인쇄로의 혁신 등 네 가지 측면에서 진행된 근대화가 메이지 초기의 활자 미디어를 발전시켰고, 출판의 근대화를 앞당긴 결정적 요인이 되었음을 알 수 있다. 그 밖에도 운송 수단, 우편 제도의 혁신 또한 출판의 근대화에 큰 기여를 하였다. 1872년 9월에 신바시(新橋)와 요코하마 간에 철도가, 1874년 4월에는 도쿄와 오사카 사이에 전신이 개통되었고, 그해 7월에는 전국에 우편 제도가 시행되었다. 1875년 5월에 문부성은 이미 박물관이 설치되어 있던 유시마 성당(湯島聖堂)에 서적관(書籍館)을 개설하여 일반 시민이 장서를 열람할 수 있도록 하였다. 이러한 모든 것이 당시 출판 근대화를 촉진한 배경이었던 것이다.

하지만 메이지유신을 통하여 사무라이가 지배하던 막부 시대를 청산하고 근대화를 추진한 메이지 정부는 이후 제국주의로 치달으면서 국민들의 정신 무장과 체제 유지를 위한 수단으로 언론 및 출판 통제 정책을 강화하였다. 특히 검열 방식에 의한 출판 통제 정책은 일제 강점기 한반도에도 고스란히 적용되었으며, 광복 후에도 독재 정권이 언론 및 출판의 자유를 억압하는 데 긴요한 단서를 제공하여 주었다는 점에서 우리 한국의 출판 근대화에는 커다란 걸림돌이 되었던 것으로 판단된다.

실제로 우리나라 최초의 법률이자 본격적인 언론 법규인 신문지법(광무신문지법으로 통칭되며 전문 38조로 제정되어 1908년 개정으로 전문 41조로 됨)과 일본의 신문지법(전문 45조로 개정된 바 없음)은 양국의 근대 언론법제사에 있어서 언론 통제를 주도한 중요한 기본법의 하나로, 오늘날의 평가에 있어서도 많은 공통점을 가진다. 양법은 시기적으로 동 시대의 법률(전자는 1907~1952년, 후자는 1909~1949년)임은 물론, 공히 세계의 입법례에서 보기 드문 출판 규범의 2원주의(신문, 잡지 등 정기간행물은 신문지법, 그 외의 도서출판은 출판법을 통해 규율)하에서 존재했으며, 국가적·사회적 통제를 목적으로 하는 공법으로 크게 출판경찰법규와 출판형사법규로 구성되었다.(한영학, 2011, 338쪽)

## 2. 동양 근대 출판문화와 저작권

### 1) 한국 저작권 사상의 출판문화적 배경

한국에서의 저작권 의식은 일본에서와 마찬가지로 근대적 개념의 출판이 성행하면서 싹튼 것으로 보인다. 이와 관련하여 주목할 만한 기록은 다음과 같은 내용을 포함하여 1882년 8월에 지석영이 올린 상소문(上疏文)에 잘 나타나 있다.

> 서적을 간행하는 자는 그 공적의 정도를 밝혀 주도록 하고, 기기(機器)를 만드는 자에게는 전매(專賣)를 허용케 하며, (다른 사람의 서적을) 번각(飜刻)하는 것을 금하게 한다.[54]

지석영

여기서 지석영은 "번각하는 것을 금하게 한다"라고 하여 저술 활동의 창조성과 출판 및 저작권의 보호를 전제하고 있음을 알 수 있다.

또한 출판권에 관한 초창기 관점으로는 1884년 3월에 발행된 ≪한성순보≫의 외신란에 '출판권'이라는 제목으로 보도되고 있는 기사에 잘 나타나고 있다. 즉, "구미 각국에서 취하고 있는 이른바 출판권이라는 것은 도서를 저술하거나 외국

---

54) 원문 생략. 承政院日記, 1882년 8월 3일조. 이종국(1996), 한국의 근대 인쇄출판문화 연구: 신서적과 그 인쇄출판 인식을 중심으로. 한국출판학회 편, 『인쇄출판문화의 기원과 발달에 관한 연구논문집』, 청주: 청주고인쇄박물관, 91쪽에서 재인용.

서적을 번역 출판하는 자를 위해 자국 정부가 엄정한 규칙을 발한 것"이라고 하였다. 이 때문에, "타인이 모방한다거나 또는 허락을 얻지 않고 인출(印出) 판매할 수 없으므로, (그 출판권자는) 저술과 번역에 따른 이익을 얻게 되는 것이니 이것이야말로 개명(開明)된 세상의 도(道)"라고 소개하고 있다.[55]

또, 1908년 9월 10일자 ≪황성신문≫에는 저작권 분쟁이라고 할 만한 사건이 보도되고 있다. 즉, '판권소유'라는 제목의 이 기사는 당시 교과서 저술가로 유명한 현채(玄采)라는 사람이 저작한 『고등소학이과서(高等小學理科書)』라는 책에 수록된 상당 부분의 내용을 정인호(鄭寅琥)라는 사람이 무단 전재, 별도의 도서로 출판한바, 이에 원저작자(현채)가 무단 복제자(정인호)에게 저작권 사용료를 요구했으나 합의되지 않았으므로 소송을 제기했다는 내용이었다.(이종국, 1996, 96~97쪽 참조)

이뿐만 아니라 당시 저작권을 한꺼번에 사고파는 관행, 즉 저작재산권 양도 관행이 있었음을 나타내는 기록이 다음과 같이 소설책 말미에 등장하기도 하였다.

황성신문

> 이 글은 박이양(朴頤陽) 씨의 저작이나 저작판권이 남궁준 소유이기로 발행 겸 소유는 남궁준이라 하오.[56]

이러한 양상에 대한 보다 확실한 기록은 소설가(저작자)가 원고(原稿)를 쓴 다음 일

---

55) '出版權」, 漢城旬報(제15호), 1884년 3월 18일자 18면. 이종국(1996), 92쪽에서 재인용.
56) 1912년 유일서관 발행, 『명월정』, 130쪽. 남석순(2008), 5쪽에서 재인용.

김동인

정 금액을 받고 출판사에 양도(매매)하면 출판사의 사주는 자신의 명의로 발행하는 관행이 있었음을 설명하는 김동인(金東仁)의 다음과 같은 글에도 잘 나타나 있다.

그런 종류의 저작물(소설)의 저자는 그런 것을 저술하여 출판자(대개 書肆)에 돈 십 원 혹은 이십 원에 넘겨주고 출판자는 그런 것을 사서는 자기의 명의로 출판하여 발행하여 왔다. 그리고 그런 저작물이 일단 저작자에게서 출판자에게로 넘어간 뒤에는 그 저작물은 재정적으로건 명예적으로건 도덕적으로건 일체의 권리와 의무가 매주(買主)에게 넘어가고 원저자는 아무 책임이 없어진다. 〈중략〉 이것을 지금 우리가 쓰고 있는 현행 법률로 말하자면 저작자가 출판업자에게 대하여 저작권과 출판권을 아울러 양도한 것이 된다.[57]

위의 글이 사실이었다면 오늘날에는 저작인격권과 저작재산권이 엄격히 분리되어 있기 때문에 불가능한 일이지만, 당시로서는 원고가 출판사에 양도되어 출판하게 되면 양수자의 이름으로 저작자가 표기되었고, 원저자는 저작권에 관한 일체의 권리를 포기했다는 말이 된다. 김동인이 이 같은 사실을 언급할 당시인 1948년 1월은 미군정 시기였지만 모든 법률은 일본의 그것을 그대로 유지하고 있었으며, 저작권법도 예외는 아니었다.

한국 저작권 법제의 독자적인 발전은 1948년 7월 17일 제정된 대한민국헌법(제헌헌법) 제1호 제14조에서 "모든 국민은 학문과 예술의 자유를 가진다. 저작자, 발명가와 예술가의 권리는 법률로써 보호한다"고 규정한 것에서부터 시작

---

57) 김동인(1948). 조선의 소위 판권 문제. 《신천지》, 1948년 1월호(통권 제22호). 남석순(2008), 4~5쪽에서 재인용.

되었다. 하지만 이 같은 헌법 규정에도 불구하고 "본 법은 학문적 또는 예술적 저작물의 저작자를 보호하여 민족문화의 향상발전을 도모함을 목적으로 한다"는 기치 아래 비로소 저작권법이 제정된 것은 1957년 1월 28일(법률 제432호)의 일이었다. 반면에 일본은 1889년에 저작권법을 제정함으로써 1999년에 저작권법 제정 100주년을 맞이하였다.

물론 1908년 8월 16일 당시 대한제국이 저작권령(내각고시 제4호/칙령 제200호)을 공포한 적이 있다. 하지만 이는 일본 저작권법을 의용(依用)하고 있다는 점에서, 그리고 1910년 "저작권법을 조선에서 시행하는 데 관한 건"(칙령 338호)을 통해 의용에서 적용(適用)으로 전환하고 있다는 점에서 우리만의 독자적인 저작권법으로 보기 어렵다. 곧 조선총독부, 미국에 의한 군정, 대한민국 정부 수립 등에 이르기까지, 즉 1945년 광복과 정부수립 후에도 1957년 저작권법이 시행되기 전까지 우리 땅에서는 일본 저작권법이 적용되었다. 결국 1908년 8월 16일부터 1957년 1월 28일까지는 대한민국에서 공표된 저작물임에도 불구하고 일본 저작권법이 그대로 적용되었던 것이다.

하지만 일제 강점기에는 일본 저작권법이 한국 내에서 명분상 선언적 의미를 띤 것일 뿐 실질적인 효력은 없었다는 주장도 있다. "1910년대 우리나라 저작권법은 일본의 저작권법을 '의용'하다가 '적용'하였지만 선언적 의미만 가졌을 뿐 우리에게는 '무용'한 법률이었다"(남석순, 2008, 9쪽)는 것이다. 보다 더 구체적으로는 "일본의 강점으로 일본의 저작권법이 우리나라에 적용되었다. 하지만 일본의 저작권법이 저작권의 등록을 규정하고 있으므로 저작권법의 보호를 받기 위해서는 해당 관청에 등록을 해야 한다고 규정하면서도 등록에 관한 규정은 별도 명령으로 정한다는 내용의 선언적 문장만이 있을 뿐이다. 법률상 저작권 보호의 대항 조건으로 등록할 방법이 없었고, 구제 방법으로 총독부에서 등록할 수 있는 절차가 있긴 하였지만 일본어 이외 한국어의 등록은 사실상 불가능한 상태에 있었다"(최준, 1964, 19쪽)는 것이다. 따라서 일제 강점기에서 한국어 출판물의 저작권은 법적 보호에서 벗어나 있었으며 일본의 저작권법은 한국어 저작권 보호에 있어서 명분상 선언적 의미를 띨 뿐이었다(남석순, 2008, 11쪽)고 주장한다.

그런데 현행 한국 저작권법(법률 제12137호)에서는 출판을 가리켜 "저작물을 인쇄 그 밖에 이와 유사한 방법으로 문서 또는 도화(圖畵)로 발행"(제63조 제1항)하는 것으로 규정하고 있으며, 이는 1957년에 처음 제정된 저작권법(법률 제432호)에서 출판이란 "문서, 회화 등의 저작물을 인쇄술 기타의 기계적, 화학적 방법에 의하여 복제하여 발매 또는 배포함을 말한다"라고 정의하고 있는 것과 크게 다르지 않다. 곧 출판문화의 발흥과 출판 산업의 발전이야말로 한국 저작권 제도의 정착에 가장 크게 기여한 요소였음을 알 수 있다.

## 2) 중국 저작권 사상의 출판문화적 배경

중국 근대화 시기의 계몽적 민족개혁론자였던 엄부 (嚴複)[58]는 변법자강운동을 주도했던 《국문보(國聞報)》를 창간하여 개혁 및 유신을 주장한 인물이다. 그는 또한 중국 근대의 유명한 번역가로서 특유의 실천

엄부

---

58) 엄부(1854~1921): 중국 푸젠성 후관(侯官) 사람으로, 1877~1879년까지 영국에서 유학하며 정치와 법률에 대하여 연구하였다. 이 기간 동안 영국의 '앤여왕법' 등 저작권 관련 법제의 영향을 많이 받았던 것으로 보인다. 그는 청나라가 당장 필요로 하는 근대 과학 기술의 배경으로서 근대 사회 및 근대 정치사상이나 논리학에 주목했고, 1895년 청일전쟁의 패전에 자극되어, 밀의 『자유론』, 스미스의 『국부론』 등 8가지 종류의 책을 번역하여 중국 지식인들에게 소개하였다. 그중에서도 최초로 번역된 헉슬리의 『진화와 윤리』(당시에는 천연론[天演論]으로 번역됨, 1895~1897)의 사회적 약육강식론은 중국 지식인들에게 커다란 충격을 주었으며, 또한 이것을 근본으로 하는 논문 「원강」(原强: 부국강병론)으로 민족의 지(知)와 체(體), 덕(德)의 자강(自强)을 고취시켰다. 이것은 캉유웨이의 변법자강론(變法自强論) 및 그 후의 근대화주의로 이어진다.

을 통하여 이른바 '신(信), 달(達), 아(雅)'라는 번역 기준을 만들어 낸 것으로도 유명하다. 오늘날의 관점에서 보면 '신'이라는 개념은 원저작자의 권리를 존중해야 한다는 뜻이기에 저작권 사상을 내포하고 있는 것으로 볼 수 있다.(李明山, 2003, 21~23쪽 참조)

이뿐만 아니라 엄부는 또한 청나라 정부를 상대로 저작권 보호 정책을 실시하여야 한다고 요청한 것으로도 유명하다. 그는 "만약 정부가 본격적으로 저작권 보호 정책을 실시하게 되면 저자들에게 큰 도움을 줄 것이며, 전국적으로 저작 및 번역 풍조가 활성화할 것"이라고 하였다.(李明山, 2003, 27쪽) 그러나 당시 중국으로서는 외세의 침략과 봉건 사회의 질곡 때문에 더 이상 저작권 인식이 발전하기는 어려웠다.

또 다른 인물로 량치차오[59]는 1898년 무술변법(戊戌變法)[60]의 핵심 구성원 중 한 사람이다. 무술변법이 실패한 후 량치차오는 일본으로 피신하게 되는데 이때 그가 편집한 《청의보(淸議報)》의 창간은 중국과 일본 외교 역사에 있어 중대한 문화적 사건이었다. 편집 책임자로 일하면서 저작권 보호에 대한 인식을 더욱 강하게 다지는 계기가 되었기 때문이다. 얼마 후 일본에서 귀국한 량치차오는 1902년 동료들과 함께 《신민총보》를 창간했는데, 그는 여기서 원고료를 받지 않고 원고를 집필하기만 하였다. 그리고 신문사 주식의 3분의 1을 소유하게 되는데, 이는

광서제

---

59) 량치차오(1837~1929) : 중국 광둥성(廣東省) 신후이(新會) 사람으로, 아호는 음빙실주인(飮冰室主人). 중국 근대 역사를 이끈 개혁운동의 지도자였으며, 유명한 정치가이자 학자였다. 그의 저작들은 모두 『음빙실전집(飮冰室全集)』으로 집대성되었다.

60) 무술변법: 1898년(무술년) 캉유웨이, 량치차오가 덕종(德宗) 광서제(光緖帝)를 내세우며 추진했던 정치개혁 운동으로, 서태후(西太后)를 옹립한 수구 세력의 반발 때문에 일어났으며, 103일 만에 실패로 끝나고 말았다.

≪신민총보≫        청의보        돤치루이

그동안 집필한 원고에 대한 저작권 사용료였던 셈이다.(李明山, 2003, 35쪽)

량치차오의 신분은 중화민국(中華民國) 건립 이후 여러 차례 바뀌게 된다. 그는 차례로 위안스카이 정부(1913년)와 돤치루이(段祺瑞, 단기서) 정부(1917년)에 입각했지만, 위안스카이와 돤치루이 모두 공화국의 정착이 아니라 개인의 영달을 꿈꾸는 봉건 군벌이었다. 군벌들의 난립과 권력 투쟁이 전개되는 혼란 속에서 정치적 활동에 대한 희망을 잃은 량치차오는 1917년 정계에서 완전히 은퇴하였다. 그 직후 1년여 동안 유럽 여행을 한 후, 1929년 세상을 떠날 때까지 오로지 학술 사업에 몰두하였다. 당시 가장 유명한 출판사는 '상무인서관'이었는데, 량치차오 또한 이 출판사와 깊은 관계를 맺게 된다. 당시 상무인서관 최고책임자였던 장위안지(張元濟, 장원제)[61]와 많은 교류를 나누는 가운

장위안지

61) 장위안지(1867~1959): 중국 저장성(浙江省) 하이옌(海鹽) 사람. 무술유신(戊戌維新) 운동에 참여했으며 난양공학(南洋公學)의 역서원(譯書院) 원장으로 재직하였다. 그다음 상무인서관 편역소(編譯所) 소장으로 초빙되어 장기적으로 중국 근대 출판 사업에 몰두하였다.

데 원고의 인도와 출판 문제, 저작권의 양도, 원고료 및 출판 관련 세금 등에 관한 주제들을 비중 있게 논의한 것으로 알려져 있다.(李明山, 2003, 36쪽)

또한 장위안지는 엄부와도 긴밀한 관계를 유지했기에 엄부로부터 저작권에 대한 영향을 많이 받았던 것으로 보인다. 이러한 그들의 긴밀성은 엄부의 저작물 중 대부분이 상무인서관에서 출판되었다는 사실만으로도 잘 알 수 있다. 동시에 장위안지는 엄부와의 교류를 통하여 상무인서관의 책임자로서 저작권을 존중하여 적극적으로 저작권을 보호하려는 노력을 실천으로 보여 주었다.(李明山, 2003, 56쪽) 상무인서관은 중국 최초의 근대화 편집 기능을 가진 출판 기구이자 장위안지 같은 지도자의 적극적인 저작권 인식이 영향을 미침으로써 오늘날에도 중국 저작권 사상의 형성 과정에 중요한 역할을 한 것으로 평가되고 있다.

한편, 상무인서관에서 근무하고 있던 인물 중에서 중국 근대 출판의 역사상 중요한 인물은 바로 도보림(陶保霖)[62]이었다. 그는 중국 역사상 현저하게 저명한 인물은 아니지만 다음과 같은 이유에서 저작권 및 출판권에 있어서만큼은 큰 영향을 미친 사람이었다.(李明山, 2003, 64~68쪽)

첫째, 그는 중국 민간 출판 기업의 입장에서 처음으로 저작권법을 제정하여야 한다고 제안한 학자 중의 한 사람이다.

둘째, 체계적인 저작권 발전 3단계―저작권 특허 시기, 국내 권리 시기, 국제 권리 시기―를 주장하였다.

도보림

---

62) 도보림: 중국 저장성 지아싱(嘉興) 사람으로, 일본 유학 경력이 있는 것으로 알려졌다.

셋째, 저작권 보호의 본질을 4가지 기본 관점으로 정리하였다. 즉 창작보호설, 노동력설, 보수설, 인격설 등이 그것이다.

넷째, 중국 저작권 사상의 서양모방설을 부정하였다. 그는 중국의 저작권 사상은 서양보다 먼저 시작되었으나 발전 단계에 있어 여러 가지 어려움 때문에 추진이 느려졌을 뿐이라고 주장하였다.

다섯째, 중국 저작권 입법에 대하여 몇 가지의 기본 원칙을 언급하였다. 결국 이러한 도보림의 주장 및 이론들이 '대청저작권률'의 제정에 큰 영향을 미쳤던 것이다.

## 3) 일본 저작권 사상의 출판문화적 배경

일본 저작권정보센터에서 발행한 『저작권법 100년사』(저작권법100년사편찬위원회 편, 2000)[63]에 따르면 에도 전기(前期) 4대 쇼군(将軍) 도쿠가와 이에츠나(德川家綱) 시대에는 이미 새로 서적을 출판·간행할 때에는 막부에 신청해야 할 항목이 정해져 마치부레(町触, 막부나 다이묘[64]가 영지 내 주민에게 내린 법령)로써

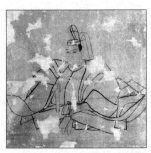

도쿠가와 이에츠나

---

63) 제1편 저작권법 전사(前史) 부분을 많이 참고하였으며, 서장(序章) 집필자는 아베 코지(阿部浩二), '1장 메이지 이전의 출판 사정' 집필자는 구라다 요시히로(倉田喜弘), '2장 메이지 시기의 저작권 사정' 집필자는 다치바나 키이치(立花希一), 도요타 키이치(豊田きいち), 히구치 세이이치(樋口清一), 미야다 노보루(宮田昇) 등이다.

64) 다이묘(大名): 일본에서 헤이안(平安) 시대에 등장하여 19세기 말까지 각 지방의 영토를 다스리고 권력을 행사했던 유력자를 지칭하는 말. 초기 무사 계급의 우두머리로 출발했으나 점차 그 권한이 확대되어 지역 내에 군사권 및 사법권, 행정권, 경제권을 가지기에 이른다. 에도 시대 서약을 통해 쇼군 아래로 편입되었으나 자신의 성(城)에서 가신들을 거느린 봉건 영주의 삶을 살았다. 19세기 메이지유신으로 일본에 근대화 바람이 불면서 영지의 통치권을 박탈당하고 귀족이 되어 연금을 받았다. 출처: 네이버 백과사전.

공고되어 있었다. 교호(享保) 7년(1722)의 포고문을 보면, 출판물 중 호색 서적류는 풍속상 마땅치 않으므로 점차 개정하거나 절판해야 하며, 서적은 모두 출판자의 실명을 말미에 기재할 것, 도쿠가와 가문에 대해서 언급하는 것은 원칙상 허용되지 않으나 불가피하게 도쿠가와 가문을 다루게 될 때는 부교쇼(奉行所, 부교가 근무하는 막부 관청)에 신청하고 지도를 받아야 한다는 등의 내용이 들어 있었다. 이것들은 마치부레로 고지되었고 에도뿐만이 아니라 오사카에서도 같은 포고문이 내려져 있었다.

간세이(寬政) 2년(1790)에는, 서적 외에도 에조시(絵草子, 당시 사건사고를 한두 장 정도의 분량으로 삽화를 곁들여 찍어 낸 인쇄물)까지도 법령 대상에 포함되어 에도 후기(後期)가 되자 서적, 에조시 도매상 외에 각각의 도매점에 관여하는 고닌구미(五人組, 다섯 집을 한 단위로 묶어 연대책임을 지게 한 조직)나 나누시(名主, 마을 정치를 담당하던 촌장) 역시 포고문에 반하는 일이 있을 경우에는 그 책임을 지게 되었다. 텐보(天保) 13년(1842)의 포고문에서는 서적을 간행할 때에는 책방에서 마치도시요리(町年寄, 부교쇼에서 포고문이나 지령을 전달하거나 세금을 거두는 등의 일을 맡은 마치부교)에게 간행할 의사를 밝히면 마치도시요리가 부교쇼에 이를 신고하고 부교쇼의 지도 및 연락을 기다려야 했다. 이러한 수순을 밟지 않고 비밀리에 책을 출판할 경우에는 판본을 불태우는 한편, 불법 출판에 관여한 자는 신중히 조사한 끝에 엄중한 벌을 받도록 되어 있었다.

가에이(嘉永) 3년(1850)이 되면 막부 말기의 사회 정세를 반영한 듯 네덜란드 서적의 번역본이 널리 유포되었다. 이에 대하여 번역 능력이 떨어지는 자가 번역을 맡아 기이한 이야기를 퍼뜨리는 바람에 사람들을 당황하게 하는 일이 종종 있었으므로 각자가 소유하고 있는 네덜란드 서적은 남김없이 그 제목을 나가사키 부교쇼에 신고한 뒤 부교가 허락한 자만이 그것을 번역하여 유포할 수 있게 했으며, 그렇지 않은 경우에는 그 책을 압수한 뒤 번역자의 죄상을 엄중히 조사하였다.

이상과 같은 사실들을 토대로 유추해 보면, 에도 시대를 통틀어 서적 및 에조시 등의 출판에는 치안을 이유로, 또는 네덜란드 서적 번역에서 볼 수 있는 것처럼 도쿠가와 막부 체제를 유지하기 위한 명목으로 출판면허제도가 시행되었지만, 저작물을 창작한 사람의 권리를 보호하려는 움직임은 찾아볼 수 없다. 이 같은 상황은 도쿠가와 막부가 붕괴되고 메이지 시대가 열린 후에도 변하지 않은 것으로 보인다. 메이지 원년인 1868년 태정관(太政官, 메이지 시대 율령으로 정해진 중앙 최고 관청) 포고 제358호 및 제451호에서는 관의 허가를 경유하지 않은 모든 서적 간행 및 매매를 금지하고 있고, 허가 없이 간행 및 매매를 하는 경우에는 인쇄를 위한 판목 및 완성된 책까지 압수하여 간행자, 판매자 모두 처벌할 것임을 명시하고 있다.

그러던 중 저작자 보호를 처음으로 언급한 것은 메이지 2년(1869) 5월 13일에 하달된 행정관달(行政官達), 즉 '출판조례'로 알려져 있다.(저작권법100년사 편찬위원회 편, 2000, 4쪽) 이 조례에서는 출판되는 서적에는 반드시 저작자, 출판자, 발행인의 성명 및 주소 등을 기재할 것을 명하는 한편, 서적을 출판하는 자는 관으로부터 보호받고 전매 이익을 거둘 수 있으며, 그것의 보호기간은 대략 저작자가 살아 있는 동안으로 한정되지만 친족이 사후 보호를 출원하면 허가된다는 내용이 명시되었다. 아울러 서적 출판을 원하는 경우에는 쇼헤이[65] 및 가이세이[66] 학교에 그 뜻을 출원하면 양쪽에서 검사 인증을 한 뒤 출판자에게 검인을 교부하는데 이것이 출판 면허가 되며, 양 학교는 출판취조국을 설립

---

65) 1797년에 설립되어 에도 막부가 직접 운영했던 쇼헤이자카(昌平坂) 학문소를 가리키는 말. 많은 인재가 모여들었지만 메이지 정부에 인계된 후, 1871년에 폐쇄되었다.

66) 도쿄대학교의 전신이었던 메이지 시대 교육기관. 원래는 에도 시대인 1857년 설립되어 외국의 문헌을 연구하고 교육하는 역할을 했다. 나중에는 대학남교(大学南校)로 개칭하고, 1874년에는 도쿄 가이세이학교로 이름을 바꾸었다. 1877년에는 도쿄의학교와 합쳐져서 도쿄대학이 되었다.

하여 학교의 관원이 모여 면허 발급 여부를 정해야 한다고 되어 있다.

이처럼 서적 출판을 다루는 정부 기관은 1869년에는 쇼헤이와 가이세이 2개 대학이었으나, 다음 해에는 다이시(大史)가 맡았다. 다이시는 1869년에 태정관에 설치된 직제인데, 대학을 대신하여 신간 서적의 면허를 관장하였으나 1871년에 문부성이 설치되면서 다시 신간 서적 면허 발급 업무는 문부성으로 옮겨 갔으며, 이어서 1875년에는 내무성 소관이 되었다.

이상과 같은 일본 근대 시기 출판문화사를 돌이켜보면 도쿠가와 막부에서 시행되었던 서적 출판에 대한 면허 제도는 치안을 강조하되 막부 체제의 유지를 주목적으로 하는 검열 및 감시의 형태였다. 출판자의 실명을 서적 말미에 기재할 것을 요구한 것도 출판자나 저작자의 보호를 위한 것이 아니라 감시의 편의를 위한 것이었음은 물론이다. 나아가 근대 의식이 팽배해진 시기에 국가의 안녕과 국민의 안전을 보호하는 것에 관한 사무를 주로 관리하는 내무성으로 저작권 행정이 옮겨 간 것은 일본 정부가 저작물을 어떤 시선으로 바라보고 있었는지 잘 알 수 있게 해 준다.

내무성은 메이지 19년(1886) 총무국에 도서과를 설치하여 '도서출판 및 판권에 관한 사무를 처리하도록 하고, 경보국(警保局) 보안과에서도 「신문잡지 등의 검열이나 발행에 관한 사항, 정치풍속에 관련한 도서검열」 사항을 다루도록 하였다. 그리고 이것들은 1893년에 경보국 도서과로 계승되었다. 이로써 저작물을 주로 행정 감시 대상으로 바라보는 역사가 시작되었던 것이다.

앞서 살핀 것처럼 1869년 출판조례에는, 서적 출판은 쇼헤이·가이세이 두 학교에 출원하여 관청의 허가를 받을 것, 출판되는 서적에는 반드시 저술자, 출판인, 판매처(売弘所, 지역대리점)의 성씨와 주소를 기재할 것을 명령하는 한편, "도서를 출판하는 자는 관청에서 이를 보호받아 전매 이익을 거둘 수 있으며, 그 보호는 일반적으로 저술자의 생존 중으로 정하지만, 친족의 요청이 있을 시에는 사후에도 보호받을 수 있다"고 명기하였고, 무단 복제 도서는 인쇄용 판목과 완성된 서적을 모두 몰수하고 벌금을 부과하도록 규정되어 있다. 즉, 행정상의 관리와 함께 저작자의 권리 보호 징후가 비로소 나타나기 시작한 것이다. 이러한 취지는 1872년 개정출판조례, 1875년 개정출판조례에도 계승되어 1875년 개정출판조례에서는 도서의 저작 또는 외국 도서를 번역 출판할 경우에는 30년간 전매권을 부여하고, 이 전매권을 판권(版權)이라 명기하며, 출판 도서에는 저작자 및 번역자의 성명과 출판연월일 혹은 판권면허 발행일을 기재하도록 되어 있다.

그 후 1883년 출판조례의 일부개정, 1887년 출판조례의 전부개정으로 이어지지만, 문서 및 도화(圖畵)에 대한 행정상 감독 및 치안·풍속 등에 관한 정부의 자세에는 변화가 보이지 않는다. 오히려 문서·도화를 출판할 때에는 발행일보다 10일 전에 내무성에 그 내용을 첨부하여 신고해야 하며, 그것을 개정·증감하거나 주석, 해석, 부록 등을 첨부할 때도 동일한 절차를 밟아야 했다. 이를 지키지 않고 출판할 경우에는 5엔 이상 100엔 이하의 벌금을 부과하는 등 행정상 관리 체계를 강화시켰다.

이러한 출판조례의 전부개정 시기와 맞물려 1887년 12월 28일 '판권조례'가 제정되어 판권이 사권으로 보호된다는 사실을 명확히 규정함으로써 드디어 근대적 의미의 저작권법이 그 틀을 갖추기 시작했다는 점은 시사하는 바가 크다고 하겠다. 당시 판권조례에서는 문서 또는 도화를 출판하여 이익을 전유(專有)할 수 있는 권리를 '판권'이라 하고, 판권 소유자라 하더라도 무단으로 그것을 번각(翻刻)하는 것을 위법으로 규정하고 있다. 문서나 도면을 출판하려는 사람이 법적 보호를 받기 위해서는 발행 전에 내무성에 판권 등록을 해야만 하고, 그 보호 연한 중에는 '판권소유'란 네 글자를 기재할 것을 명령하고 있다. 이 판권조례와 함께 각본악보조례가 제정되어 연극 각본과 악보 역시 법적 보호가 시작되었고, 사진판권조례 역시 함께 제정되면서 사진판권이 새로 생겨나 위탁에 의한 사진 외에는 사진사에게 그 권리가 귀속되는 것으로 정해지기에 이르렀다.

이처럼 일본에서 태동한 저작권 사상은 출판조례에 이어 1887년에 판권조례, 각본악보조례, 사진판권조례가 제정됨으로써 비로소 그 틀을 갖추기 시작했으며, 그 전까지는 저작권 보호보다는 행정상 감시를 위한 검열 제도로서 저작물 관련 법제가 존재하였음을 알 수 있다.

# 동양 저작권 사상의 법적 배경

❧

## 제 3 장

# 1. 동양 근대 법제도의 특징

## 1) 한국의 법제도

법(法)은 사회생활의 질서를 유지하고, 배분 및 협력의 관계를 규율하기 위하여 발달한 규범의 체계로서, 그 효력을 확보하기 위하여 조직적인 강제성이 뒷받침된다. 이러한 법은 강제성인 점에서 도덕과 상이하지만, 법에는 도덕적 의미를 갖는 규범이 많이 포함되어 있다.(한국민족문화대백과, '법제' 편) 또한 법은 문화의 일부로 언어·종교·도덕·정치·경제 등과 함께 문화 현상으로서 파악되며, 법과 다른 문화 영역 상호 간에는 매우 복잡한 교차 관계를 가진다.

역사 속의 법이란 인간이 어떠한 사회 조직을 만들어서 개인과 개인, 집단과 집단 및 집단과 개인과의 관계를 조정하여 살아 왔으며 발전하여 왔는가를 사회 통합의 수단으로서 파악하는 규범이다. 따라서 일반적으로 법제사적(法制史的) 시대 구분은 법 그 자체의 연계를 명확히 하고 법을 발전적·동태적으로 파악할 수 있게 해 준다.

한국 역사학에 있어서의 시대 구분은 여러 문화 현상의 교차 관계를 고려하면서 특정 사회 또는 국가의 발생·흥망을 기준으로 하고 있으나, 아직 일반적으로 승인된 시대구분법은 없는 실정이다. 한국 법제사의 시대 구분 또한 특정 사회 또는 국가의 발생·흥망을 기준으로 하고 있는 실정이나, 한편 한국 고유법의 성격, 외국법·문화의 수용, 법전 편찬의 측면에서 다음과 같은 시대 구분을 시도하여 볼 수도 있을 것이다.(한국민족문화대백과, '법제' 편)

① 씨족법 시대(기원전 4세기까지): 신석기 시대에 해당하며, 원시적 씨족공동체의

자율적 규범 질서의 시대이다.

② 부족법 시대(기원전 3세기~373년): 고조선·부여·고구려·옥저·동예·삼한과 삼 국시대 초기까지이며, 부족사회 또는 부족연맹사회에서 각기 부족법 또는 부족 간의 공통법이 고유한 불문법·관습법으로서 존재한 시대이며, 고구려가 율령을 공포, 시행한 때까지이다.

③ 율령법 시대 전기(373년~10세기): 고구려의 율령 공포를 기점으로 하여 율령 정 치의 최성기인 통일신라시대까지이며, 성문제정법 시대가 시작된다.

④ 율령법 시대 후기(11~14세기): 고려 시대에 해당하며, 당나라의 율령을 비롯하 여 송나라·원나라 율령의 부분적 계수 시대이다. 율령은 형식에 불과하며, 왕의 명령이나 판례법·관습법이 율령에 대신하여 율 대신 칙령이 통치의 근간이 되는 한편, 율령 정치의 말기적 현상이 나타난다.

⑤ 통일법전 시대(15~19세기 말): 유교를 국시로 하는 조선 시대에 해당하며, 명률 (明律)을 계수하지만 육전방식(六典方式)에 의한 고유의 통일법전을 통치의 기본 도구로 삼아 법치주의 정치를 이상으로 한다. 법전의 편찬과 개수의 연속이 이 시 대의 특징이다.

⑥ 서구법 계수 시대(19세기 말~1945년): 1894년의 갑오경장으로부터 민족항일기 의 서구법의 타율적 계수 시대이다. 전통적 법체계는 일본에 의하여 각색된 근대 법에 의하여 대치된다.

⑦ 현대(1945년~현재): 1945년 국권의 회복과 독립으로 근대적 민주주의를 기본 이 념으로 하여 대륙법과 영미법을 주체적으로 수용하고 또 수용이 진행되고 있는 현재까지이다.

한국에서 근대적 의미의 법제도는 개화 이후 갑오개혁을 기점으로 하여 전 통적 바탕 위에 일본을 통한 법제의 서구적 근대화가 급속히 추진되었던 시기부터 시작되었다고 할 수 있다. 이미 국권의 주체성이 상실된 상태였기 때문에 당시의 제반 법령은 거의 일본인 고문관의 주도 아래 입법되었으나, 형식적으로는 근대적 법치 국가로서의 면목을 갖추고 있었다. 당시의 방대한 근대식 법령은 법규류편(法規類編)·현행대한법규류찬(現行大韓法規類纂)·현대한국법전(現代韓國法典) 등 법령집에 수록되어 있다. 그러나 형사 입법은 다른 분야에 비해서 역사적·현실적 특수성을 참작하여 비교적 서서히 개혁되었으며, 조선 왕조 최후의 형법전인 형법대전(刑法大全)[67]은 대전회통(大典會通)·대명률(大明律)을 기초로 한 것이었다.

1910년 8월 이후의 일제 강점기에는 조선 총독의 명령인 제령(制令)에 따라 통치하게 되고 당분간은 대한제국 시대에 제정된 법령의 효력을 인정하였으나, 1912년의 조선민사령(朝鮮民事令)[68]과 조선형사령(朝鮮刑事令)[69]에 따라 대부분 일본의 법령이 의용(依用)되었으며, 전통적 색채가 짙은 친족·상속법 분야는 관습법에 따르도록 하였으나, 1920년대부터는 그것도 거의 일본 구민법(舊民法)[70]이 의용되었다. 즉 모든 분야가 대륙법을 계수(繼受)하여 제정된 일본 법제하의 대륙법권으로 들어간 것이다. 사법(私法) 분야에서는 식민지적 차별이 심하지 않았으나 공법(公法) 분야에서는 여러 가지 차별법과 탄압법으로 묶어 자유·평등의 법치주의를 묵살하고 있었다.

형법대전

---

67) 1905년(광무 9) 4월 29일 법률 제2호로 공포·실시된 대한제국의 일반 형법전이며 근대적 형식을 갖춘 최초의 형법전이다. 일본의 형법전을 계수하지 않고 이전의 대전회통·대명률과 갑오개혁 이후의 형사법령을 참고하여 제정되었으며 처음에는 총 680개조였으며, 1906년 2월 2일 법률 제1호로 제1차 개정하고, 1908년 7월 23일 법률 제19호로 제2차 개정을 하였다. 680개 조문이었는데 2차에 걸친 개정으로 100개조를 개정, 252조를 삭제하여 417개 조문만 남게 되었다. 편장절(編章節)로 나누고 조문의 형식에 따라 국한문을 혼용함으로써 내용을 간략 평이하게 표현하고 체계화한 것이며 과거부터 내려온 동양의 객관주의적인 형법사상에 입각하였다. 형법대전에서는 동아시아 최초로 고문을 금지하는 조항이 있었다. 결국 1910년 〈한국법전〉에 형법으로 개명 삽입하였다.

1945년 해방 후에 잠시 미군정[71] 아래에 있었던 동안에는 일제 강점기의 법이 그대로 시행되었으나 종래에 민족적 차별과 탄압의 도구였던 법령을 모두 폐지하였으며, 공법 분야와 형법 분야에는 영미법(英美法)이 서서히 계수되기 시작하였다. 1948년 대한민국의 수립에 따라 주권 국가로서 국민 주권과 민주주의 이념에 입각한 헌법의 제정(1948년)과 함께 형법(1953년)·형사소송법

---

68) 일제 강점기 한국인에게 적용되었던 민사에 관한 사항을 규정한 기본법이다. 조선을 강점한 일제는 '조선민사령'을 제정(조선통감부제령 제7호 1912.3.18.)하고 1912년 4월 1일부터 이를 통해 일본 민법을 의용(依用)하였다(조선민사령 제1조). 공포된 후에 17차례의 개정이 있었다. 조선민사령에 의거하여 일본 민법·상법·민사소송법을 비롯한 각종 민사 관계 법령이 조선에서 시행되었다. 시행 초기에는 조선인 상호 간의 법률 행위에 대해서 공공의 질서에 관한 것이 아닌 관습이 있는 경우에는 그 관습에 의하고(조선민사령 제10조), 조선인의 친족·상속에 관해서는 원칙적으로 조선의 관습을 따르도록 하였다(제11조). 그러나, 개정을 거듭하면서 점차 일본 민법의 친족·상속편이 대부분 적용되었다. 조선민사령은 1945년 광복 후에도 미군정 법령 제21호에 따라 효력이 유지되었고, 1948년 대한민국 정부가 수립된 후에도 제헌헌법 100조에 따라 헌법에 저촉되지 않는 한 유효하였다. 1960년 1월 1일, 대한민국 민법과 호적법의 제정·시행과 기타 여러 법률들의 제정으로 사문화되었고, 나머지 규정들도 '구법령 정리에 관한 특별조치법'에 따라 1962년 1월 20일에 효력을 잃었다.

69) 일제 강점기에 한국인에게 적용되었던 형사에 관한 사항을 규정한 형사기본법이며, 1912년에 제령(制令) 11호로 공포·실시되어 10여 차의 개정을 거쳐 해방 후에도 군정법령 제21호에 의거하여 효력이 있었고, 대한민국 수립 후에도 개정 전의 헌법 100조에 의거하여 그 효력이 지속되었으며, 1953년에 현행 형법의 실시와 동시에 효력을 상실했다. 일정 당시에는 이 형사령에 의거하여 일본의 형법과 형사소송법을 비롯한 각종 형벌법(刑罰法)이 우리나라에 시행된 바 있다.

70) 구민법(舊民法)은 1898년 7월 16일부터 시행된 일본 민법으로서 일제 강점기인 1912년부터 조선민사령에 따라 의용(依用)되어 1960년 1월 1일에 현행 민법이 시행되기 전까지 대한민국에서도 시행되었다. 일본은 메이지유신 당시 프랑스의 법학자이며 정부 법률고문인 보아 소나드를 중심으로 프랑스 민법을 본받아 만든 민법안을 1890년에 공포하였으나 시행하지 못했으며, 다시 독일 민법 제1초안을 모범으로 민법을 만들어 총칙·물권채권편은 1896년에, 친족편·상속편은 1898년에 각각 공포하여 모두 1898년부터 시행하였다. 이 중 친족·상속편은 일제 강점기 한국에는 단계적으로 의용되었으므로 조선민사령 시행 초기에는 조선의 관습법·관례법의 적용 범위가 넓었다.

71) 군정법: 1945년 8월 15일의 해방 이후 미군정이 개시되어 포고령 1호로 38도선 이남 지역은 군정장관이 공포하는 포고(布告, proclamations)·법령(法令, ordinances)·규약(規約, regulations)·고시(告示, directions) 및 조례(條例, enactments)의 적용을 받게 되었으며, 군정법령 제11호에 의거하여 일제 강점기의 법령 중 치안유지법·정치범죄처벌령·조선보호감찰령·출판법 등을 비롯한 차별·압박 법령이 폐지되었다. 그러나 일제 강점기의 대부분의 법령은 군정법령 제21호에 의거하여 그대로 효력이 있었다. 따라서 군정 시대는 군정법령의 지배하에 있었으며 부분적으로는 미국의 법제도가 계수되었다.

(1954년)·민법(1958년)·민사소송법(1960년)·상법(1962년) 등 기본법이 제정·실시되었으며, 대륙법을 근간으로 하여 영미법적 제도·법기술·법사고를 받아들였다.

## 2) 중국의 법제도

중국의 근대 이전 법제도는 이른바 '율령격식(律令格式)'으로 설명할 수 있다. '율(律)'은 형벌 법규이며 '영(令)'은 행정법적 규정으로서 '율령'은 근본법이라고 할 수 있으나 영구적으로 변하지 않는 법률은 아니며 수시로 '칙(勅)'에 의한 '격(格)'에 따라 변경시킬 수 있다. '격'은 수시칙의 명령을 모은 법전으로서 율령을 보충 변경하는 역할을 한다. 그리고 '식(式)'은 율령을 시행하는 데 필요한 세칙(細則)을 정한 규정을 가리킨다.

이러한 중국 법제의 연원은 매우 오래되어 춘추(春秋) 시대에 법전을 공시한 형정(刑鼎)이 주조된 바 있으며, 전국(戰國) 시대에는 이회(李悝)의 법경(法經)이 BC 4세기경에 편찬된 것으로 알려져 있지만 실재했는지에 대해서는 물증이 남아 있지 않다. 그러나 국가 권력이 강화되기 시작한 전국 시대에 이미 이와 유사한 형(刑)법전이 존재했을 것으로 추정되며, BC 2세기경에 율령의 원조인 한율(漢律)이 확립되었고 이의 전신인 진율(秦律)이 존재했으므로 BC 3~4세기경에 법전 편찬이 이루어졌을 것으로 추정된다.

한대(漢代) 이후 율령의 편찬은 계속되어 3세기경 위(魏)의 신율(新律), 진(晉)의 태시율(泰始律)이 편찬되었다. 정치적 혼란과 왕권의 약화라는 시대적 추세에도 불구하고 남북조(南北朝) 시대에도 율령 편찬은 경시되지

형정

않았고, 북조(北朝) 시대에는 492년 북위(北魏)의 태화(太和)율령, 564년 북제(北齊)의 하청(河淸)율령 등이 편찬되었다. 특히 북제의 하청율령은 기본 구조를 확립하였을 뿐만 아니라 한국·일본 등 동아시아 여러 나라의 율령과 국가 지배 체제의 성립에 결정적 영향을 끼쳤다. 수의 개황(開皇, 581~600) 및 대업(大業, 605~616) 연간의 율령 편찬을 거치면서 곧 이어 당대에는 624년 무덕(武德) 율령 및 식(式)의 편찬이 이루어진 것을 시작으로 하여 637년 정관율령격식(貞觀律令格式), 651년 영휘율령격식(永徽律令格式) 등이 편찬되었다.

당(唐)의 율령격식은 편찬이 거듭되었는데, 기록에 따르면 율은 7번, 영은 10여 번에 걸쳐 수정 반포되었다. 율령의 편찬 사업과 더불어 관찬(官撰) 주석서인 『당률소의(唐律疏議)』, 738년 관직과 관리의 임무 및 직책에 관한 법규를 모은 『당육전(唐六典)』 등의 관련 저술들이 간행되어 당대 율령 연구의 귀중한 자료로 평가되고 있다. 당대(唐代) 율령의 특징은 전체적으로 국가 지배의 공법(公法) 체계에 치우쳐서 개인 간의 사회관계를 규제한 사법(私法)은 발달하지 않았고, 가족·친족 관계나 재산·거래 등에 관한 율령의 조항도 개인의 권리를 주체로 한 것이 아니라 국가 체제의 안정과 신분 질서의 규제로서 존재하였다.

한편, 관료들 사이에서는 국가의 법령에 대한 자각(自覺)과 준법 의식이 존재하였으며, 황제는 가능한 한 개인의 욕망과 의지를 억제하여 사법관이 준법을 달성시킬 수 있도록 어느 정도의 객관성과 보편성도 지니고 있었다. 이후 송

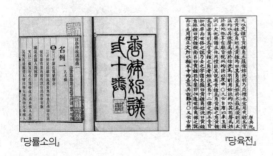

『당률소의』                    『당육전』

(宋) · 명(明)대에서도 당의 율령은 별다른 수정 없이 계승되어 963년에 청률(淸律) 등의 계보로 이어졌다. 한국에의 율령의 전래는 373년(소수림왕 3) 고구려 율령과, 520년(법흥왕 7) 신라 율령의 반포로 나타난다. 율령 정치는 삼국 통일 이후에 이루어져, 당의 율령 격식에서 많은 영향을 받았다고 할 수 있다.

이처럼 중국은 오랜 역사와 문명을 자랑하는 나라로서 예로부터 완비된 법전을 가지고 있었으나, 그 대부분은 형법 관련 규칙이었다. 민사 관계에 대한 법률 분쟁도 형사법으로 제재하였다. 따라서 법전에 민법과 형법을 구별하지 않았다. 이러한 특징은 중국 고대 봉건 사회의 독재적인 정치 제도와 자급자족의 자연 경제와 관련이 있다.(馬麗麗, 2005, 4쪽)

19세기가 저물어 가던 청나라 말기 아편전쟁, 태평천국의 난, 애로호 사건 (亞罗号事件, Arrow War)[72] 등의 대규모 내우외환에 직면한 청나라 정부는 동치제(同治帝)[73]의 치세 때 양무운동을 전개하여 국력의 증대를 도모하였다. 청나라 정부가 대응해야 할 긴요한 과제는 서구 열강과의 개별 조약을 체결하는 것이었

애로호 사건

---

72) 제2차 아편전쟁이라고도 칭한다. 1856년 영국 국기를 게양한 상선(商船) 애로(Arrow)호는 중국인이 소유하여 운영한 상선이었으나, 청조(淸朝)의 관헌이 들이닥쳐 중국인 해적을 체포하는 과정에서 영국 측은 영국 국기가 끌어내려진 일로 국기의 명예가 손상되었다는 이유로 배상금과 사과문을 요구하였고, 이것이 거부되자 광저우 교외 시가에 불을 질렀다. 영국은 청조(淸朝)가 태평천국(太平天国)에 시달리는 것을 기화로 재차 무력으로 압력을 가하여, 청의 양이주의(攘夷主义) 세력을 무찌르고 공사(公使)의 베이징 주재권, 창강(长江)의 개방, 상인(商人)의 중국 내지(內地) 여행권 등을 중심으로 한 조약 개정 요구를 실현하려 하였다. 영국 본국에서는 광저우 방화 사건에 대한 정당성 여부를 둘러싸고 의회에서 논란이 일어 내각은 총사퇴하였으나 여당이 선거에서 다시 승리를 거두자 프랑스의 나폴레옹 3세를 부추겨 영불 양국 군대의 중국 파병을 단행하였고 영국과 프랑스 연합군이 1858년에 톈진(天津), 1860년에는 베이징을 점령하고 베이징의 명원(名园)과 원명원(圆明园) 등을 파괴하였으며, 1860년 베이징조약을 강제로 체결하게 하여 기존 요구 사항 및 기독교의 중국 내륙 포교권을 획득하였다. 출처: 네이버 지식백과(중국시사문화사전, 2008.2.20, 도서출판 인포차이나).

고, 그 과정에서 근대적인 서구의 법제도를 배운 사람들이 나타났다. 청일전쟁에 패배한 후, 청나라 정부 내부에서는 변법운동이 전개되어 무술정변이라고 하는 혼란을 겪고, 의화단의 난 후에 광서신정(光緒新政)[74]이 개시되었다. 청나라 정부는 아카다 아사타로 등 4인의 일본인의 협력을 얻어 서구의 법제도를

계수하여 근대적인 법제도의 구축에 나섬과 동시에 과거제도 폐지(1905년), 입헌대강(1905년), 헌법대강(1908년), 십구신조(1911년), 대청형률초안(1911년)이라고 하는 입헌 정치의 확립을 향한 노력을 기울였다. 이러한 과정은, 훗날 중화인민공화국이 대륙법계의 전통을 계수한 법제도를 확립하는 밑바탕이 되었다.

서태후

---

73) 중국 청나라의 제10대 황제(재위 1861~1875). 9대 함풍제(咸豊帝)의 독자로서 어머니는 서태후(西太后)이다. 5세에 즉위하였으나 실제 정치에 관여하지 못하고 18세 때 천연두로 사망하였다.

74) 1900년 의화단운동으로 청조의 권위는 치명적인 손상을 입었다. 8개국 연합군의 베이징 점령과 서태후·광서제(光緒帝)의 도피, 정권의 자주성을 훼손하는 조약 체결은 물론, 양무파 대신들이 추구한 동남호보(東南互保)는 청조의 집권 체제가 해체되고 있음을 보여 준다. 특히 동남호보는 지방 세력이 중앙 권력의 의지와는 다른 결정을 내리고 실천할 수 있다는 것을 보여 준 사례였다. 시안으로 도망간 서태후는 의화단으로 표출된 민중 반란의 가능성이 높아지자, 청조 지배 체제를 유지·보강하기 위해 신정이라 불리는 개혁을 추진했다. 서태후가 추진한 신정은 국가 최고 원로인 장즈퉁(張之洞)과 류쿤이(劉坤一)의 의견을 대폭 수용한 것이었다. 신정은 신군편련과 군사권의 중앙 집권화를 중심으로 한 군사 개혁, 과거제 폐지와 전국적 학제 수립·해외 유학 확대 등을 주 내용으로 한 교육 개혁, 개혁을 위한 자원 확보와 확대되어 온 지방 재정의 중앙으로의 회수를 중심으로 한 재정 개혁, 서양 자본주의적 산업 기술을 도입하는 상공업 진흥 등 광범위한 내용을 포함하였다. 그러나 신정의 내용에는 입헌 의회제 도입과 같은 정치 체제 개혁안은 없었다. 따라서 신정의 목표는 기존의 황제 전제 지배 체제에 대해서는 손대지 않은 채 자본주의적 요소의 도입을 더욱 확대하고, 군사·재정·교육권 등을 중앙으로 회수하여 집권 체제를 보강하는 것이었다. 서태후가 추진한 이러한 중앙 집권적 개혁안은 백련교(白蓮敎)·태평천국 등의 반란 이래 폭력 수단의 일부가 지방 정부에 이양되어 지방 정부의 힘이 성장해서 이를 억제할 필요성이 있었기 때문이다. 그러나 정치 체제에 대한 개혁안이 빠진 신정은 변혁을 갈망하는 지식층을 설득할 수 없었다. 따라서 중국의 엘리트들은 청 정부의 마지막 개혁안을 거부하고 새로운 방법을 모색할 수밖에 없었다. 개혁의 실패 뒤에 모색할 수 있는 마지막 방법은 혁명밖에 없었다. 따라서 신정은 청조의 마지막 개혁이었고, 이 개혁의 실패는 곧 혁명의 잉태를 의미했다. 출처: 네이버 지식백과(두산백과).

신해혁명 후, 중화민국 정부는 대청현행형률 등의 청나라 시대의 법령과 대청형률초안을 원용하여 임시변통하였다. 북벌의 완료 후, 국민당 정부는 훈정강령(1928년), 국민정부조직법(같은 해) 등을 시작으로 각종 법령의 정비에 착수하였다. 1934년에는 각종의 불평등 조약이 폐지되었다. 그러나 중국공산당은 1949년 2월에 "국민당의 육법전서를 폐지하고, 해방구의 사법 제도를 확립하는 것에 관한 지시"를 발표하여, 같은 해 10월에는 중화인민공화국 정부가 성립하였다. 국민당 정부가 정비한 법제도는 중화민국 정부가 계수하였다.

또한 중국 정부는 중국 본토 전역에 있어서 실효적 지배를 확립하고, 1954년에 소비에트연방의 공산권의 선례를 참조하여 최초의 헌법을 제정하는 등 소비에트연방법(대륙법계에 속한다)을 계수한 법제도의 정비를 진행하였다. 그러나 1957년 6월의 반우파 투쟁을 시작으로 1977년 8월의 문화대혁명의 종결에 이르기까지의 시기에는 '프롤레타리아 독재'의 이념에서 도출되는 "중국공산당의 국가에 대한 우위"가 강조되어, 법질서보다도 중국공산당의 정책이 우선되었다. 1978년 3월에는 세 번째의 헌법(78년 헌법)이 제정되었고, 그 후, 인치(人治) 대신에 법치의 필요성이 널리 설명되어 중국 정부는 형법과 형사소송법(1979년)을 시작으로 하여 법제도의 정비를 다시 진전시키기 시작하였다. 1982년 12월에는 네 번째의 헌법이 제정되었고, 1999년의 헌법 개정에서는 사회주의적 법치 국가의 건설이 강조되었다. 특히 1992년 10월, 중국공산당 제14기 제3차 회의에서 사회주의 시장 경제 체제의 수립을 경제 체제 개혁의 목표로 정한 후 중국은 1993년부터 시장 경제 입법을 본격화하여 1990년대 말까지 수년간에 걸쳐 시장 경제 법률 체계의 기본 틀을 수립한 바 있다.

## 3) 일본의 법제도

일본의 다이호 율령(大宝律令)은 8세기 초반에 제정된, 당나라의 영휘율령(永徽律令, 651년 제정)을 참고한 것으로 여겨지는 일본 역사상 최초의 본격적인 율령이다. 이 율령의 반포 및 시행으로 고대 일본은 본격적인 율령제 국가로 들어서게 되었다. 681년, 덴무(天武)[75] 천황이 율령 제정을 명하는 교지를 내린 뒤, 덴무 천황의 사후 지토(持統)[76] 천황 3년 6월(689)에 아스카 기요미하라 령(飛鳥浄御原令)이 반포·제정되었다. 단, 이 령(令)은 선구적인 율령법이었으나, 율(律)이 제외되었고 또한 일본의 국내 사정에 맞지 않는 부분이 많다는 한계가 있었다.

이러한 이유로 그 뒤에는 일본 국내 사정에 적합한 율령을 만드는 것을 가장 중요한 과제로 삼고 율령 편찬 작업을 계속하였다. 그리하여 몬무(文武)[77] 천황 때, 오사카베 황자(忍壁皇子), 후지와라 후히토(藤原不比等), 아와타 마히토(粟田真人), 시모쓰케노 고마로(下毛野古麻呂) 등이 율령 선정을 담당하여 700년에 령이 거의

덴무 천황

---

75) 일본의 제40대 왕. '임신(壬申)의 난(亂)'으로 조카인 고분(弘文)을 물리치고 왕위에 올랐다. 중앙집권체제를 강화하여 율령 국가의 기틀을 마련하였다(재위 673~686년).

76) 일본의 제41대 왕. 덴무 왕의 왕비였으나 남편이 죽은 뒤 직접 왕위에 올라 여제(女帝)로서 10여 년 동안 통치하였다(재위 686~697년).

77) 일본의 제42대 왕으로 702년 대보율령(大寶律令)을 제정하여 본격적인 율령(律令)의 시대를 열었다(재위 697~707년).

완성되고 남은 율의 조문 작성이 이루어져 다이호 원년(701) 8월 3일, 다이호 율령이 완성되었다. 다이호 율령을 전국적으로 시행하기 위하여 같은 해 8월 8일, 조정은 묘호 박사(明法博士)를 사이카이도 이외의 6도에 파견하여 새로운 율령에 대한 강의를 하였다. 다음 해, 몬무 천황은 다이호 율령을 모든 구니(国)에 반포하였다.

7세기 후반 이후, 백제의 멸망 등 동아시아의 긴박한 국제 정세 안에서, 왜국은 중앙 집권화를 추진하여 정권을 안정시키고 국가로서의 독립을 확보하고자 하였다. 그리하여 당시 정권은 오미 령(近江令), 아스카 기요미하라 령을 제정하는 등 당·한반도의 통치 제도를 참조하면서 왕토왕민(王土王民) 사상에 기반한 국가의 건설을 추진하였다. 그 집대성이 다이호 율령의 완성이었다. 이는 643년의 다이카 개신과 660년대의 백제 부흥 운동에서의 패전(백강 전투)의 영향으로 격화된 정치적 변혁으로 추진된 일본의 고대 국가 건설 사업이 일정한 선에 도달했다는 것을 나타내는 일본 고대 사상의 획기적인 사건이었다. 일반적으로 이 율령의 반포를 일본의 율령제가 성립된 시발점으로 여기는 경우가 많다. 다이호 율령에 따른 통치는 당시의 정권이 지배하던 영역(도호쿠 지방을 제외한 혼슈, 시코쿠, 규슈의 대부분)에 거의 일률적으로 파급되었다.

다이호 율령은 일본의 국내 사정에 합치되는 율령 정치를 실현하기 위한 목적으로 편찬되었다. 형법에 해당하는 6권의 율(律)은 당나라의 것을 거의 그대로 도입하였으나, 행정법과 민법에 해당하는 11권의 령(令)은 당나라의 것을 모방하면서도 일본 사회의 실정에 따라 고쳐서 적용하였다. 이 율령의 제정으로 일본 천황을 정점으로 2관 8성[다이조칸(太政官)·진기칸(神祇官)의 2관, 나카쓰카사(中務)·시키부(式部)·지부(治部)·민부(民部)·효부(兵部)·교부(刑部)·다이조(大蔵)·구나이(宮内)의 8성]의 관료 기구를 기본 골격으로 하는 본격적인 중앙 집권 통치 체제가 성립되었다. 그리고 관청에서 사용하는 문서에는 연호를 사

용하며, 인감을 찍고, 정해진 형식에 따라 작성된
문서 이외에는 수리하지 않는 등 문서와 수속의 형
식을 중시한 문서주의가 도입되었다. 지방 행정 체
제에 대해서는, 구니(国)·군(郡)·리(里) 등의 단위
가 정해지고, 중앙 정부에서 파견되는 고쿠시(国司)
에게 막대한 권한을 부여하는 한편, 주로 지방 호족
이 차지하고 있던 군시(郡司)에게도 일정한 권한을
인정하였다.

이토 히로부미

한편, 1881년의 정변으로 정권의 주도권을 장악한 이토 히로부미(伊藤博文)
는 1882년 국회 개설과 헌법 제정을 대비하여 약 1년간 유럽으로 건너가 독일
과 오스트리아에서 베를린 대학의 그나이스트(Gneist), 빈 대학의 슈타인
(Stein) 등에게서 헌법에 대한 강의를 듣고 헌법 제정의 구상을 마치고 귀국하
였다. 이토는 군주권이 강력하고 행정부가 주도권을 가지는 헌법 체제를 염두
에 두고 그 준비에 착수하였다.

근대화 정책과 함께 서구의 근대 사상이 일본으로 소개되면서 국민들 사이
에 자유·평등·민권 사상이 확산되었으며, 이를 바탕으로 전제적인 번벌(藩閥)
정치[78]에 강력하게 반대하는 움직임이 일어났다. 정한론(征韓論)[79] 정변으로 물

---

78) 일본 메이지 시대에 일본 제국 정부와 제국 육군·해군의 각 요직을 장악한 정치 세력을 가리키는 비판적인 용어
이다. '번벌'이라는 이름은 이들의 출신지가 사쓰마 국·나가토 국(혹은 '조슈')·도사 국·히젠 국 지방에 있는 번
(藩)들이기 때문이다. 영어권에서는 메이지 과두제(Meiji oligarchy)라는 표현을 사용한다. 이 중 지금의 야마구치
현 서부에 해당하는 조슈(長州)와 지금의 가고시마 현 서부에 해당하는 사쓰마(薩摩)에서 많은 내각총리대신을 배
출하였다. 조슈 출신의 총리로는 이토 히로부미, 야마가타 아리토모, 가쓰라 다로, 전 조선총독 데라우치 마사타
케, 다나카 기이치 등이 있으며, 사쓰마 출신의 총리로는 구로다 기요타카, 마쓰카타 마사요시, 야마모토 곤베에
등이 있다. 조슈와 사쓰마는 한때 '삿초 동맹'을 결성해 에도 막부 타도 운동을 같이했으나, 메이지 시대에는 조
슈가 일본 제국 육군의 각 요직을, 사쓰마가 일본 제국 해군의 각 요직을 장악하면서 서로 대립하게 되었고, 일본
군 내 육군과 해군의 대립은 제2차 세계대전 때까지 계속 이어졌다.
79) 1870년대를 전후하여 일본 정계에서 강력하게 대두된 한국에 대한 공략론(攻略論).

러난 사족(士族)들은 여론 존중을 주장하며, 번벌에 의한 전제 정치를 강하게 비판하였다. 이들은 1874년에 일본 최초의 정당인 애국 공당(愛國公黨)을 결성하여 민선의원설립건백서를 정부에 제출하였다. 특히 이타가키 다이스케(板垣退助)는 국민의 권리를 보장하는 헌법을 만들고 의회를 개설할 것을 주장하면서 자유민권 운동을 시작하였다.

이 시기 민권 운동은 정치에서 배제된 사족들의 주도권 회복을 위한 것이었으나, 차츰 주된 납세자인 지주(地主)들에게도 영향을 미쳐 그들도 참정(參政)을 요구하게 되었다. 1881년 일본에서는 최초의 정당인 자유당(自由黨)이 결성되었으며, 이듬해에는 오쿠마 시게노부(大隈重信)가 영국식 의회주의를 주장하면서 입헌개진당(立憲改進黨)을 결성하였다. 이 무렵 중세에 시달리던 농민들이 각지에서 지방 관리와 충돌하였으며, 정당의 당원들이 이들 사건을 지원하기도 하였다. 이러한 상황 속에서 정부는 1890년에 국회를 개설할 것을 약속하고 정당의 활동을 진정화시켰다.

1889년 기원절에 메이지 천황은 이토 히로부미 등이 독일의 헌법을 모방하여 만든 헌법 초안을 대일본제국헌법(메이지헌법)으로 발포하고, 이듬해에 의회(제국의회)를 열었다. 이 헌법은 천황 아래 내각·재판소·의회를 두어, 행정·사법·입법의 삼권 분립 형태를 취하고 있으며, 천황 주권의 흠정헌법이었다. 여기서 천황은 국가의 원수로 관리의 임면, 국방 방침의 결정, 선전 강화와 조약 체결, 긴급 칙령, 계엄령 포고, 육해군 통수권 등의 광대한 대권을 지닌다는 사항이 명기되었다.

오쿠마 시게노부

이타가키 다이스케

## 2. 동양 근대 법제도와 저작권

### 1) 한국 저작권 사상의 법적 배경

한국에 있어 저작권 법제의 독자적인 발전은 1948년 7월 17일 제정된 대한민국 헌법(제헌헌법) 제1호 제14조에서 "모든 국민은 학문과 예술의 자유를 가진다. 저작자, 발명가와 예술가의 권리는 법률로써 보호한다"고 규정한 것에서부터 시작되었다. 하지만 이 같은 헌법 규정에도 불구하고 "본 법은 학문적 또는 예술적 저작물의 저작자를 보호하여 민족문화의 향상발전을 도모함을 목적으로 한다"는 기치 아래 비로소 저작권법이 제정된 것은 1957년 1월 28일(법률 제432호)의 일이었다. 반면에 일본은 1889년에 저작권법을 제정함으로써 1999년에 저작권법 제정 100주년을 맞이하였다.

물론 1908년 8월 16일 당시 대한제국이 저작권령(내각고시 제4호/칙령 제200호)을 공포한 적이 있다. 하지만 이는 일본 저작권법을 의용(依用)하고 있다는 점에서, 그리고 1910년 "저작권법을 조선에서 시행하는 데 관한 건"(칙령 338호)을 통해 의용에서 적용(適用)으로 전환하고 있다는 점에서 우리만의 독자적인 저작권법으로 보기 어렵다. 곧 조선총독부, 미국에 의한 군정, 대한민국 정부 수립 등에 이르기까지, 즉 1945년 광복과 정부 수립 후에도 1957년 저작권법이 시행되기 전까지 우리 땅에서는 일본 저작권법이 적용되었다. 결국 1908년 8월 16일부터 1957년 1월 28일까지는 대한민국에서 공표된 저작물임에도 불구하고 일본 저작권법이 그대로 적용되었던 것이다. 결국 일본 근대 저작권 사상이 한국 저작권 법제에 미친 영향[80]이 절대적이었음을 알 수 있다.

이처럼 근대 시기 이후 한국에서 공표된 저작권 관련 법제의 변천 동향을 요약하면 다음과 같다.

- 한국저작권령(1908년)
- 저작권법을 조선에 시행하는 데 관한 건(1910년)
- 재조선 미국육군사령부군정청 법령 제21호(1945년)
- 대한민국 헌법(제헌헌법, 1948년)
- 저작권법(1957년)

이 같은 동향을 중심으로 독자적인 저작권법이 공포되기까지 우리 저작권 관련 법제의 명칭과 내용이 어떻게 이어져 왔는지 살펴보면 다음과 같다.[81]

## (1) 한국저작권령

이 법령은 1904년 제1차 한일협약과 1905년 제2차 한일협약(을사늑약)에 이어 대한제국의 각종 법제가 일본의 영향으로 재정비되는 과정에서 1908년(융희 2) 8월에 '내각고시 제4호 특허·의장·상표·상호 및 저작권에 관한 일본 법령을 게포하는 건'의 하나로 공포되었다. 그 내용은 1899년(메이지 32) 3월에 공포된 일본 저작권법(법률 제39호)을 우리나라에 '의용(依用)'한다는 것이다. 한국저작권령 전문(全文)은 다음과 같다.[82]

---

80) 직접 인용을 하지는 않았지만 다음과 같은 문헌을 통해 당시 배경적 정황을 확인할 수 있었다.
- 검열연구회(2011), 『식민지 검열: 제도·텍스트·실천』, 서울: 소명출판.
- 나가미네 시게토시, 다지마 데쓰오·송태욱 옮김(2010), 『독서국민의 탄생』, 서울: 푸른역사.
- 나리타 류이치 외, 연구공간 수유+너머 '일본 근대와 젠더 세미나팀' 옮김(2011), 『근대 知의 성립』, 서울: 소명출판.
- 요시미 슌야 외, 연구공간 수유+너머 '일본 근대와 젠더 세미나팀' 옮김(2007), 『확장하는 모더니티』, 서울: 소명출판.

81) 보다 자세한 내용은 곽중섭(1992). 우리나라 著作權法制의 발전과정 연구. 저작권심의조정위원회 편, 《계간 저작권》, 1992년 봄호(통권 제17호), 45~51쪽 참조.

제1조 한국의 저작권에 관하여는 저작권법에 의하되 단 동법 중 한국의 재판소라 함은 이사청급 통감부 법무원에 해당함.

제2조 본령은 시행 전에 일한 양국 신민(臣民)의 저작권에 대하여 동일한 보호를 흥하며 단 한국에서 저작권의 보호에 관하여 치외법권을 행사하지 아니하는 나라의 신민급 인민에게도 이를 적용함.

부칙

제3조 본령은 메이지 41년(1908) 8월 16일부터 시행함.

제4조 본령 시행 전에 일본국신민, 한국신민 또는 미국인민은 본령 시행일로부터 1년을 한하여 통감부 특허국에 그 저작권의 무료등록을 청원할 수 있음.

제5조 본령 시행 전에 미국에서 저작권의 등록을 마친 일본국신민, 한국신민 또는 미국인민의 저작물을 본령 시행 전 한국에서 저작권자의 승인 없이 복제한 자, 번역한 자 혹은 흥행시킨 자 또는 복제, 번역, 흥행에 착수한 자는 본령 시행 후 1년간은 이를 완성하여 발매 반포하거나 또는 흥행시킬 수 있음.

제6조 전조의 경우에는 통감부령의 정한 절차를 이행하지 않으면 그 복제물을 발매 반포하거나 흥행시킬 수 없음.


한편, 1899년에 공포된 일본 저작권법은 일부개정되기는 하였지만 기본 틀을 그대로 유지한 채 1970년까지 시행되다가 현행 저작권법으로 전면 개정됨으로써 '구저작권법'이 되었다. 1910년대에 우리나라에 적용되었던 일본 구저작권법은 전문 52개조에 걸쳐 제1장 저작자의 권리, 제2장 출판권, 제3장 위작, 제4장 벌칙, 제5장 부칙 등 5개 장으로 구성되어 있다.[83]

---

82) 필자가 현대어에 맞게 손질한 것임. (이하 같음)
83) 저작권심의조정위원회 편(1998). 『독일, 일본 저작권법』, 253~266쪽 참조.

## (2) 저작권법을 조선에 시행하는 데 관한 건

1910년 8월 일본은 한국을 강제로 병합하면서 일본의 국내법들을 그대로 우리나라에서 시행하게 된다. 이때 거의 모든 일본 법률을 우리나라에 적용한다고 공포하면서 부분적으로는 우리나라에만 적용되는 법령을 별도로 만들어 시행하기도 하였다. 특히 특허법·의장법·실용신안법·상표법·저작권법 등을 시행하기 위하여 '특허법 등을 조선에 시행하는 데 관한 건'을 별도로 입법하였다.(곽중섭, 1992, 48쪽)

새 입법안에는 '저작권법을 조선에 시행하는 데 관한 건'이 부수되어 있는바, 특히 이 건을 마련하게 된 이유는 1899년 공포된 일본 저작권법이 1910년에 개정되어 기존의 '한국저작권령'을 폐지할 필요가 있었기 때문이다. 이 같은 '저작권법을 조선에 시행하는 데 관한 건' 전문을 살펴보면 다음과 같다.

> 짐(일본 천황)은 긴급한 필요를 인정하여 추밀고문(樞密顧問)의 자순(諮詢)[84]을 거쳐 제국헌법 제8조에 의거 저작권법을 조선에 시행하는 데 관한 건을 재가하고 이를 공포함. 한국저작권령에 의한 등록은 이를 저작권법에 의한 등록으로 간주함. 한국저작권령은 이를 폐지함.
>
> 부칙
>
> 본령은 공포일로부터 이를 시행함.

이 건은 이듬해인 1911년 3월 제국의회의 승인을 받음으로써 한국에서 본격적으로 시행되었다.

---

84) 윗사람이 아랫사람에게 상의하는 것.

### (3) 재조선 미국육군사령부군정청 법령 제21호

일본 패망 이후 한국에 군정을 설립한 미국육군사령부는 군정장관을 임명하고 군정청 법령을 수시로 공포하기 시작했다. 이 중 저작권법 체계에 직접적인 영향을 미친 것이 1945년 11월 2일 공포된 '재조선 미국육군사령부군정청 법령 제21호'였다. 이는 제1조 법률의 존속, 제2조 포고·법령·지령의 시행, 제3조 본령의 실시 기일 등 3개 조문으로 이루어져 있으며, '재조선 미국육군사령관의 지령에 의하여 조선군정장관 미국육군소장 아놀드'의 명의로 공포되었다. 저작권법과 관련이 깊은 부분을 살펴보면 다음과 같다.

제1조 법률의 존속

모든 법률 또한 조선 구정부가 발포하고 법률적 효력이 있는 규칙, 명령, 고시, 기타 문서로서 1945년 8월 9일 시행 중인 것은 그 사이 이미 폐지된 것을 제외하고 조선군정청의 특수명령으로 폐지할 때까지 그 효력이 존속됨. 〈중략〉 상사의 지시에 따라 종래 조선총독이 행사하던 제반 직권은 군정장관이 이를 행사함.

원래 일본이 연합군에게 패하고 난 직후인 1945년 9월, 미국 육군 맥아더 사령부는 북위 38도 이남 지역을 점령하고 군정(軍政)을 설립한다고 포고한 바 있다. 이때 발포(發布)된 '태평양 미국육군총사령부 포고 제1호'는 "조선 주민에 포고함"이라는 전문(前文)과 6개조의 본문으로 구성되어 있으며, 1945년 9월 7일 일본 요코하마에서 '태평양 미국 육군 최고지휘관/미국육군대장/더글러스 맥아더' 명의로 발표되었다. 바로 이 포고문에 따라 군정청 법령이 공포되었던 것이다.

## (4) 대한민국헌법(제헌헌법)

1948년 5월 국제연합(UN)의 감독 아래 우리나라에서는 사상 최초로 민주적 방식에 의한 총선거를 실시하여 제헌의회를 구성하였고, 같은 해 7월 17일 대한민국헌법(제헌헌법)이 공포·시행되었다. 제헌헌법은 전문(前文)과 10개 장, 103개 조문으로 구성되어 있다. 이 중에서 제헌헌법의 마지막 장인 제10장은 부칙으로, 특히 저작권법을 비롯한 기존의 법체계에 영향을 준 것은 "현행 법령은 이 헌법에 저촉되지 아니하는 한 효력을 가진다"고 규정한 제100조의 내용이었다. 따라서 일본 저작권법을 적용해 온 기존 법제가 여전히 유효한 셈이었다.

한편, 일본 저작권법과 한국 저작권법을 비교[85]해 보면, 다음 〈표 4〉에서 보

**〈표 4〉 한국과 일본의 구저작권법 비교**

| 구분 | 한국의 구저작권법 | 일본의 구저작권법 |
|---|---|---|
| 명칭 | 저작권법 | 저작권법 |
| 공포 | 1957. 1. 28. 법률 제432호 | 1899. 3. 4. 법률 제39호 |
| 외형적 구성형식 | 제1장 총칙(1-11조)<br>제2장 저작권(12-46조)<br>제3장 출판권과 공연권(47-61조)<br>제4장 저작권 침해(62-68조)<br>제5장 벌칙(69-75조)<br>부칙 4개항 | 제1장 저작자의 권리(1-28조)<br>제2장 출판권(28조 2-11)<br>제3장 위작(29-36조)<br>제4장 벌칙(37-45조)<br>제5장 부칙(46-52조)<br>*1910년 개정법에서는 51개 조로 1개 조문이 축소됨. |
| 기타 | -이 법 시행령은 1959. 4. 22. 대통령령 제1482호로 공포됨.<br>-이 법 시행규칙은 없고, 다만 '저작에 관한 등록부의 양식과 기재방법에 관한 규칙'(1969. 6. 19. 문화공보부령 제11호)만 있음. | 저작권자 불명의 저작물 발행 및 흥행방법(1899년 내무성령 제27호), 저작권 등록에 관한 규정(1899년 내무성령 제28호), 저작권법 시행기일(1899년 칙령 330호) 등의 보충 법령이 있음. |

*출처: 곽중섭(1992), 51쪽의 내용을 일부 수정 보완함.

---

85) 여기서는 1957년 1월 28일 법률 제432호로서 제정된 한국의 구저작권법과 1899년 법률 제39호로서 제정된 일본 구저작권법을 대상으로 한다.

는 바와 같이 1957년에 제정된 한국 저작권법은 일본 구저작권법과 그 내용이나 구성 형식면에서 크게 다를 바가 없었다.

이번에는 이상과 같은 양국의 저작권법 조문 중에서 '출판권' 부분만을 따로 살펴보면 먼저 일본 최초 저작권법에서의 출판권 관련 부분은 다음과 같다.[86]

---

86) 일본어 원문

**第二章** 出版権

**第二十八条の二〔設定〕** 著作権者は其の著作物を文書又は図画として出版することを引受くる者に対し出版権を設定することを得.

**第二十八条の三〔内容〕** 出版権者は設定行為の定むる所に依り出版権の目的たる著作物を原作の物印刷術其の他の機械的又は化学的方法に依り文書又は図画として複製し之を発売頒布するの権利を専有す. 但し著作権者たる著作者の死亡したるとき又は設定行為に別段の定なき場合に於て出版権の設定ありたる後三年を経過したるときは著作権者は著作物を全集其の他の編輯物に輯録し又は全集其の他の編輯物の一部を分離して別途に之を出版することを妨げず.

**第二十八条の四〔存続期間〕** 出版権は設定行為に別段の定なきときは其の設定ありたるときより三年間存続す.

**第二十八条の五〔出版の義務〕** 出版権者は出版権の設定ありたるときより三月以内に著作物を出版するの義務を負う 但し設定行為に別段の定あるときは此の限に在らず.出版権者が前項の義務に違反したるときは著作権者は出版権の消滅を請求することを得.

**第二十八条の六〔継続出版の義務〕** 出版権者は著作物を継続して出版するの義務を負う但し設定行為に別段の定あるときは此の限に在らず.

出版権者が前項の義務に違反したるときは著作権者は三月以上の期間を定めて其の履行を催告し其の期間内に履行なきときは出版権の消滅を請求することを得.

**第二十八条の七〔修正増減・再版〕** 著作者は出版権者が著作物の各版の複製を完了するに至る迄其の著作物に正当の範囲内に於て修正増減を加うることを得.

出版権者が著作物を再版する場合に於ては其の都度予め著作者に其の旨を通知することを要す.

**第二十八条の八〔消滅の請求〕** 著作権者は其の著作物の出版を廃絶する為何時にても損害を賠償して出版権の消滅を請求することを得.

**第二十八条の九〔処分〕** 出版権は著作権者の同意を得て其の譲渡又は質入を為すことを得.

**第二十八条の十〔登録〕** 出版権の得喪, 変更及質入は其の登録を受くるに非ざれば之を以て第三者に対抗することを得ず.

第十六条の規定は出版権の登録に付之を準用す.

**第二十八条の十一〔侵害〕** 出版緑の侵害に付ては本法中第三十四条及第三十六条の二の規定を除くの外偽作に関する規定を準用す.

---

제2장 출판권

**제28조의2 (설정)** 저작권자는 그의 저작물을 문서 또는 도화로 출판하는 것을 인수하는 자에게 출판권을 설정할 수 있다.

**제28조의3 (내용)** 출판권자는 설정행위가 정하는 바에 의하여 출판권의 목적인 저작물을 원작 그대로 인쇄술 기타 기계적 또는 화학적 방법에 의하여 문서 또는 도화로서 복제하고 이를 발매, 반포할 권리를 전유한다. 단, 저작권자인 저작자가 사망한 때 또는 설정행위에 별도로 정하지 아니할 경우에 출판권의 설정이 있는 후 3년을 경과할 경우에는 저작권자는 저작물을 전집 기타의 편집물에 수록하거나 또는 전집 기타의 편집물의 일부를 분리하여 별도로 이를 출판하는 것을 방해할 수 없다.

**제28조의4 (존속기간)** 출판권은 설정행위를 별도로 정하지 아니할 때에는 그 설정으로부터 3년간 존속한다.

**제28조의5 (출판의 의무)** ① 출판권자는 출판권의 설정으로부터 3개월 이내에 저작물을 출판할 의무를 진다. 단, 설정행위를 별도로 정하는 경우에는 그러하지 아니하다. ② 출판권자가 전항의 의무를 위반할 때에 저작권자는 출판권의 소멸을 청구할 수 있다.

**제28조의6 (계속출판의 의무)** ① 출판권자는 저작물을 계속하여 출판할 의무를 진다. 단, 설정행위를 별도로 정하는 경우에는 그러하지 아니하다.

② 출판권자가 전항의 의무를 위반할 경우에 저작권자는 3개월 이상의 기간을 정하여 이를 최고하고, 그 이행이 없을 때에는 출판권의 소멸을 청구할 수 있다.

**제28조의7 (수정, 증감 재판)** ① 저작자는 출판권자가 저작물의 각판(各版) 복제를 완료할 때까지 정당한 범위 안에서 그 저작물에 수정증감을 가할 수 있다.

② 출판권자가 저작물을 재판하는 경우에는 그때마다 미리 저작자에게 그 취지를

통지하여야 한다.

**제28조의8 (소멸의 청구)** 저작권자는 그 저작물의 출판을 폐절하기 위하여 언제든지 손해를 배상하고 출판권의 소멸을 청구할 수 있다.

**제28조의9 (처분)** 출판권은 저작권자의 동의를 얻어 그의 양도 또는 질입(質入)[87]을 할 수 있다.

**제28조의10 (등록)** ① 출판권의 득실(得失), 변경 및 질입은 그 등록을 받지 아니하고는 이로써 제3자에게 대항할 수 없다.

② 제16조의 규정은 출판권의 등록에 대하여 이를 준용한다.

**제28조의11 (침해)** 출판권의 침해에 대하여는 본 법 중 제34조, 제36조 및 제36조의2 규정을 제외하는 외에 위작에 관한 규정을 준용한다.


다음으로 1957년에 제정된 한국 저작권법 중 출판권 관련 조항을 살펴보면 다음과 같다.


제3장 출판권과 공연권

**제47조 (설정)** 저작권자는 그 저작물의 출판을 인수하는 자에 대하여 출판권을 설정할 수 있다.

**제48조 (출판권자)** ① 출판권자는 설정행위의 정하는 바에 의하여 출판권의 목적인 저작물을 원작 그대로 출판할 권리를 가진다.

② 출판권자는 출판권을 표시하기 위하여 각 출판물에 저작권자의 검인을 첨부하여야 한다. 단 출판권자가 저작권의 양도를 받은 경우에는 그 취지를 출판물

---

87) 입질(入質)과 같은 말. 돈을 빌리기 위하여 물건을 담보로 맡기는 일.

에 표시하여야 한다.

**제49조 (존속기간)** 출판권은 설정행위에 별도로 정함이 없는 한 설정일로부터 3년간 존속한다.

**제50조 (양도입질)** 출판권자는 저작권자의 동의 없이는 양도 또는 입질할 수 없다.

**제51조 (출판의무)** ① 출판권자는 특약이 없는 한 출판권 설정일로부터 6월 이내에 저작물을 출판하여야 한다.

② 출판권자는 특약이 없는 한 저작물을 계속하여 출판하여야 한다.

**제52조 (통지의무)** 출판권자가 출판물을 재판, 중판하는 경우에는 저작자로 하여금 수정증감의 기회를 주기 위하여 사전에 저작자에게 그 취지를 통지하여야 한다.

**제53조 (수정가감권)** 저작권자는 각판의 복제 완료까지 그 저작물에 정당한 범위 내의 수정증감을 가할 수 있다.

**제54조 (별도출판권)** 저작권자인 저작자가 사망한 때 또는 설정행위에 별도로 정함이 없는 경우에 있어서 출판권 설정 후 3년을 경과한 때에는 저작권자는 저작물을 전집 기타의 편집물로 집록하거나 또는 전집 기타의 편집물의 일부를 분리하여 별도로 출판할 수 있다.

**제55조 (소멸통고권)** ① 출판권자가 출판권 설정 후 6월 이내에 출판을 하지 아니하거나 또는 계속해서 출판을 하지 않을 때에는 저작권자는 6월 이상의 기간을 정하여 그 이행을 최고하고 그 기간 내에 이행하지 않을 때에는 출판권의 소멸을 통고할 수 있다. ② 출판이 불가능한 경우 또는 출판의사가 없음이 명백한 경우에는 즉시로 출판권의 소멸을 통고할 수 있다.

③ 출판권의 소멸을 통고한 경우에는 통고한 때에 출판권이 소멸한다.

**제56조 (소멸청구권)** 저작권자는 전조의 경우에 언제든지 원상회복을 청구하거나

또는 출판을 중지함으로 인한 손해의 배상을 청구할 수 있다.

**제57조 (대항요건)** 출판권의 득상, 변경과 입질은 그 등록을 하지 아니하면 이로써 제삼자에 대항할 수 없다. 제44조의 규정은 출판권의 등록에 이를 준용한다.

**제58조 (침해)** 출판권의 침해에 대하여서는 본법 중 제64조의 규정을 제외하고는 저작권 침해에 관한 규정을 준용한다.

이상에서 살핀 것처럼 전통적으로 출판(出版, publishing)과 저작권(著作權, copyright)은 불가분의 관계 속에서 발전하여 온 개념이다. 인류 문명사에 있어 문자의 출현 이후 다양한 필사(筆寫) 매체가 등장하고 다양한 문명이 세계 곳곳에서 발흥하는 동안 문자 복제술은 필사의 수준을 벗어나지 못하였지만, 동양의 목판 인쇄술 및 금속 활자 발명에 이어 서양의 구텐베르크에 의한 활판 인쇄술이 상용화됨으로써 15세기에 이르러 비로소 출판에 의한 대량 복제 시대가 열리면서 저작물을 복제(copy)할 수 있는 권리(right)로서의 저작권이 생겨났기 때문이다.(김기태b, 2010, 89쪽)

한편, 한국 구저작권법 제9조에서는 '출판'을 가리켜 "본 법에서 출판이라 함은 문서, 회화 등의 저작물을 인쇄술 기타의 기계적, 화학적 방법에 의하여 복제하여 발매 또는 배포함을 말한다"고 정의하고 있거니와, 이는 일본 저작권법에서 규정하고 있는 "출판권의 목적인 저작물을 원작 그대로 인쇄술 기타 기계적 또는 화학적 방법에 의하여 문서 또는 도화로 복제하고 이를 발매, 반포할 권리"와 거의 비슷하다. 그 밖에도 설정, 출판권자의 의무, 존속 기간, 소멸 청구, 처분, 등록, 침해 등에 관한 규정 또한 매우 유사하다. 이는 한국과 일본의 출판문화적 배경이 비슷하기 때문일 것이나, 이 역시 일본의 강점에 따른 식민지 정책이 남긴 잔재임에 틀림없다.

나아가 무려 60년가량 늦게 제정된 한국 저작권법의 내용이, 그것도 가장 많은 저작물 이용 분야라고 할 수 있는 출판 관련 조항의 내용이 마치 베끼기라고 한 것처럼 일본 저작권법과 유사하다는 점, 특히 '저작권'이란 용어와 더불어 여전히 '판권'이란 말이 함께 쓰이고 있다는 사실은 일본의 혼란스러웠던 초창기 저작권 법제가 한국에 적용되면서 남긴 잔재라는 점에서 그 영향성을 짐작할 수 있다.

결국 현행 저작권법은 1957년 제정 이래 제1차 전부개정(1986년), 제2차 전부개정(2006년)을 포함하여 20차례 이상 개정 과정을 거쳤음에도 '출판권' 관련 조항은 거의 개정하지 않음으로써 출판 환경의 급변 양상을 제대로 반영하지 못한 것으로 판단된다. 특히, 디지털 기술의 접목을 바탕으로 전자책(e-Book) 등 새로운 출판물이 다양하게 등장하고 있으며, 향후 새로운 미디어와의 결합을 통하여 출판 산업의 지평이 더욱 넓어질 것이라는 점에서 저작권법의 출판권 관련 조항에 대한 개정 작업은 시급한 과제가 아닐 수 없다.(김기태b, 2010, 103쪽)

## 2) 중국 저작권 사상의 법적 배경

중국의 저명한 저작권학자 리위펑(李雨峰)은 그의 저서에서 "주로 전파 기술의 발전, 저자 지위의 변화 및 중외(中外) 관계 등 세 가지 측면의 요인을 중심으로 다음의 질문에 대한 답을 찾고자 시도하였다"고 한다.(李雨峰, 2006, 16쪽)

중국 송대(宋代)에는 문자 작품(文字作品, 글로 기록된 모든 작품)을 보호했는가? 저작권이 하나의 사건이라면, 저작권은 어떻게 발생하였는가? 중국은 아주 오래전 문자와 종이를 만들었을 뿐만 아니라 가장 먼저 인쇄술을 발명하였고, 또한 영국에서 저작권법이 생겨난 역사적 조건보다 수백 년 앞서서 중국에 이미 조건이 형성되었는데, 왜 중국에서 가장 먼저 저작권법이 생성되지 않았는가? 근대 이후 중국의 저작권법은 어떻게 서양이 추진하여 완성되었는가? 이러한 과정 속에서 중국은 오랫동안 줄곧 수동적이지 않았는가? 민국(民國) 시기에, 국민당 정부는 법률의 현대화를 시도하는 과정에서 왜 성공하지 못했는가? 중화인민공화국의 성립 이후부터 개혁개방 이전까지, 어떤 이념(이데올로기)이 공산당의 지식인 보호에 대한 태도에 영향을 미쳤는가? 당과 국가의 제2세대 지도자들이 등장한 이후, 중국의 판권법은 매우 신속하게 완전한 형태를 갖춰 가고 있는데, 그 원인은 무엇인가? 중국, 더 나아가 세계에서 저작권법은 앞으로 어떤 방향으로 나아가야 하는가?

아울러 그는 "중국 저작권법의 변천을 연구하는 데 있어서 가장 먼저 살펴야 할 문제는 저작권법이 중국에서 자체적으로 발생한 것인가, 아니면 외국에서 전파된 것인가 하는 점"이라고 한다.(李雨峰, 2006, 16쪽) 이에 대한 학계의 관점은 기본적으로 일치한다. 학계에서는 저작권법이 근대 이후 서양 열강이 강제로 중국에 전파한 파생물이라고 여기고 있다. 그러나 이전에 중국에 저작권 보호 개념 또는 그와 관련 있는 행위가 존재했었는가의 여부는 학계에서 여전히 논쟁 중인 것으로 보인다. 중국학 전문 연구자들은 문화론적 입장에서 군주제 시대에 황실이 부여한 일부 도서의 인쇄 독점, 나아가 불법 복제라는 현상에 대한 제지 행위는 곧 사상이 세상에 널리 대대로 전해지는 것을 통제하는 제국의 조치 가운데 일부였을 뿐이라고 본다. 따라서 그러한 조치를 지식재산권을 보호하기 위한 것으로 인정할 수 없으며, 그 주된 이유로 고대 중국에는 지혜의 성과를 사유하는 관념이 없었으며, 지식재산권에 대한 의식이 희박하였고, 이에 상응하는 민사구제 조치가 없었다는 점을 들고 있다. 다시 말하면, 군주제 시대의 중국에서는 불법 복제 현상을 사유권(私有權)의 내용으로 여기지 않았

다는 것이다.[88)]

한편, 중국에 있어 인쇄술은 이미 수당(隋唐) 시대에 활용되고 있었으며, 이러한 인쇄술의 발명은 각방(刻坊, 인쇄판을 새겨 책을 만드는 곳)의 발달을 촉진하였다. 이처럼 민간에서 각방이 발전하면서 결과적으로 그것은 황실의 지식 독점을 파괴하였으며, 지식이 위에서 아래로 흘러가는 구조를 만들어 주었다. 그렇다 보니 체제 유지를 위한 제재의 수단으로 송조(宋朝)에서는 거의 모든 황제가 "독단적으로 (인쇄판을) 제작하는 것을 금지한다"는 조령을 공포하였으며, 각급 정부는 전문적인 심사조사 금지기구도 설립하였다. 원대(元代)에는 서적 인쇄판을 번각하고 인쇄하기 전에 거쳐야 하는 심사 제도를 만들기도 하였다. 이와 대조적으로 명대(明代)에는 출판업을 관리함에 있어 개방적인 정책을 채택하였는데, 명조 전반에 걸쳐 국사(國史)나 간언(諫言)이나 거리에 떠도는 글 등의 소설이나 다양한 노래 등등 모든 것을 마음대로 공개적으로 간행할 수 있었지만, 청대(清代)에는 문자옥(文字獄)[89)]이라는 필화를 대대적으로 일으키는 등 인쇄판 번각과 서적의 유통을 엄격히 관리하였다.

이에 따라 국가는 일부 서적을 사적으로 간행하는 것을 금지함과 동시에 일부 서적에 대하여 타인의 인쇄 간행을 금지하였다. 곧 인쇄술의 등장에 따른 인쇄물의 유행은 황실 이데올로기의 견고한 지위를 뒤흔들었으며, 이에 위협을

---

88) William, P. Alford, 『知识产权还是思想控制: 对中国古代法的文化透视』/ 梁治平(1998), 『法律的文化解释』, 北京: 三联書店.

89) 강희·옹정·건륭 시대에 집중적으로 나타난 필화 사건을 일컫는 말이다. 청조는 이민족(만주족)으로서 중국 한족을 지배하였기 때문에 특히 반청적 경향이 흐르고 있던 강남 향신층의 비판적 동향에 과민하여 사소한 이유로 필화 사건을 일으켜 억압하였다. 그 시발은 1663년의 장정룡(莊廷鑨) 사건인데 옹정제 시대에는 청조를 이적이라 비판한 뤼류량(呂留良)·쩡징(曾靜)의 사건이 있고, 옹정제는 『대의각미록(大義覺迷錄)』을 저작하여 청조 지배의 정통성을 주장하였다. 건륭제 시대에 들어서면 탄압은 더욱더 가혹해져서 『사고전서(四庫全書)』의 수집도, 그 목적의 일단은 내용의 검열에 있었다고 하며, 기휘(忌諱)에 저촉되어 금서로 전부 훼손된 것도 수천 부에 달하고, 일부분을 뽑아내어 태워버린 것은 헤아릴 수가 없었다고 한다. 출처: 위키백과.

느낀 국가는 일부 도서의 유통을 통제하기 시작했던 것이다. 물론 이 시기에 중국 정부가 통제한 것은 서적의 발행이었지 불법 복제 행위가 아니었다. 아마도 바로 이렇게 용인할 수 없는 서적의 유행에 대한 국가의 통제력을 역이용하여 일부 작가나 각방은 교묘하게 또는 우연을 가장하여 자신의 저술에 대하여 타인이 불법 복제하는 것을 금지시켰을지도 모른다. 아마도 중국 조정이 당초 불법 복제를 금지한 목적은 사상의 통제에 있었겠지만, 사실상 불법 복제의 문제는 조정과 민간 각방에서 그들의 공통 관심사로 떠올랐을 것이다.

어쨌든 중국은 송대 이래로 저작자의 저술 성과물을 보호한 것이 틀림없는데, 이러한 노력은 왜 저작권법 제정으로 발전하지 못하였을까? 일부 학자들은 이에 대해 기술적 측면에서 연구한 바 있으며, 중국의 전통적인 정치 문화로부터 탐색하기도 하였다. 이에 대해 리위펑은 다음과 같이 기술하고 있다.(李雨峰, 2006, 20~21쪽)

인류학에서는 세계적인 범위에서 볼 때 문명의 발생, 즉 원시 사회에서 계급 사회로의 변화에는 두 가지 기본 방식이 있다는 연구 결론을 얻었다. 하나는 사람과 자연의 관계 변화를 계기로 하여, 기술의 발전 및 생산 도구와 수단의 변화가 일으킨 사회의 질적 변화이고, 다른 하나는 사람과 사람 사이의 관계 변화가 주요 동력이 되어, 기술적인 면에서는 큰 변화가 없지만 주로 정치적 권위의 수립과 유지를 통해 새로운 시대를 여는 것이며, 그것은 마야-중국 문화의 연속체를 대표로 한다. 전자는 발전하기 시작하면서 자연생태 시스템의 속박을 벗어났으며, 이전 시대와의 사이에 단절이 생겼지만, 후자는 선사 시대로부터 각종 제도, 관점과 의식을 계승했다.(张光直, 1996, 17쪽) 이러한 결과는 곧 화하(华夏, 고대 중국을 가리킴)라는 이 변화된 인간 관계에 따라 통치한 국가이며, 서양과는 다른 종법제(宗法制) 형태를 형성하였다. 중국에서는 윤리적 색채가 농후하며, 법은 치리술(治理术)로 훨씬 많이 구현되었다. 그리고 지금의 사법 영역에 속하는 민사 관계는 모두 도덕적 문제로 해석되었다. 이러한 도덕을 거친 치리는 사법의 성문화(成文化)가 필요하지 않았다. 신사 계층의 등장은 고대 중국의 지식인 계층의 등장을 미리 보여 주고 있다. 그러나 '옛것이 좋음을 믿는다'와 '공부하여 관직에 오른다'는 믿음은 중국 저작권법의 관념이 형성되는 것을 방해하였다. 전자는 신사가 자신의 작품에 대한 '소유' 개념을 갖도록 발전시키지 못하였고, 후자는 신사가 이후의 발전 속에서 독립해 나올 수 있도록 도와주지 못하였다. 명대 이후에 중국의 상품 경제가 어느 정도 발전하기는 하였지만, 상인의 지위가 유독 두드러지게 상승하였다. 화하 문명의 보수적인 성질 및 황권의 이성에 대한 통치는 출판업자를 포함한 상인계층의 독립성을 결정하는 데 매우 커다란 영향을 미쳤다. 이 또한 어느 정도 중국 저작권법의 형성에 영향을 주었다. 영국에서는 저작권법이 출판업계 내부에서의 이익 분배의 불균형이 초래한 결과였으며, 왕권과 상하원 사이의 타협이었다. 이익을 위한 투쟁이 정치적 혁명 운동으로 변하는 움직임 속에서, 저자들이 자신의 고유 권한을 발견했던 것이다.

이처럼 송대 이후 중국에서 지혜의 결과물을 보호하려는 전례들이 등장하기는 했지만 법의 성질, 지식인과 상인의 종속 상태 때문에 중국 저작권법은 쉽사리 제정되지 못하였다. 아편전쟁 이후 중국 내에서 서양 경제가 팽창함에 따라 외국 상인의 지식재산권을 침해하는 행위가 점차 발생하였다. 그 최초의 형태는 상표권에 대한 침해였다. 상표권 침해 행위가 증가하면서 외국 업자들이 법률적 보호를 요구하기 시작하였으며, 중국 법률이 자신들을 충분히 구제해 줄 수 없다는 사실을 알게 되자 그들은 중국에 주재하고 있는 본국 외교관들에게 근본적인 해결책을 만들어 줄 것을 주문하였다. 그와 동시에 외국 선교사들도 중국에서 현대적 의미의 저작권 개념을 전파하기 시작했으며, 가장 전형적인 예는 미국인 선교사 영 앨런(Young John Allen, 1836~1907)[90]이었다.

중국에서는 광서(光緒) 22년(1896) 청나라 지방 정부의 명의로 '엄금번각신저서적고시(嚴禁翻刻新著書籍告示)'를 광학회 주도로 《만국공보》에 게재하였다. 당시 청나라 정부에서 발표한 공고들은 외국 기구의 요구에 따라 출판자의 권리, 번역자의 권리뿐만 아니라 독자의 권리까지 포함하여 보호하는 내용들을 담고 있었다. 그 밖에 청나라 말기 상하이에는 모든 면에서 대도시답게 공립 학교가 많이 세워졌다. 그중 하나였던 '난양공학(南洋公學)'은 비교적 일찍 설립되었으며, 교내에 역서원(譯書院)을 설립하였다. 이 기구는 당시 번역 서적을 많이 출판하였기에 자신들의 출판물을 보호하기 위하여 현지 정부에 보호 정책을 요구하는 청구를 많이 제기하였다. 당시 중국은 근대적 의미의 저작권법을 입법하기 이전이었기 때문에 저작권 관련 청구가 있을 때에는 송나라 시대부터 유래되었던 지방 정부의 고시 공포 방식을 원용하여 저작권 보호 관련 공고를 고시하곤 하였다.

이처럼 영 앨런은 당시 상당한 영향력을 행사하였던 《만국공보》에 실린 글을 통하여 중국이 저작권법을 제정하는 데 필요한 여론을 조성하였다. '신축조약(辛丑条约)'[91] 이후, 미·영·일 등의 열강은 중국이 글로벌 비즈니스에 나설 수 있는 환경을 조성하고, 그에 상응하는 지식재산권 법률 체계를 제정하기를 바랐다. 당시 이를 두고 격렬한 토론이 벌어졌으며, 반대자들은 만일 저작권을

---

90) 중국명 린웨즈(林樂知). 19세기 중국의 계몽 운동에서 활약하였다. 감리교파 선교사로서 1860년 중국으로 건너가 청나라 정부의 번역관·교사가 되었다. 1875년 중국어 신문 《만국공보》를 상하이에서 창간하였으며, 1887년의 광학회 설립에 참가하여 《만국공보》를 그 기관지로 삼았다. 1896년에는 《중동전기본말(中東戰紀本末)》을 출판하였다. 모두가 중국의 정치 개혁을 권장하는 내용으로, 캉유웨이 등의 변법파(變法派)에 큰 영향을 끼쳤다.

91) 중국이 1901년 9월 7일 의화단(義和團) 사건 처리를 위하여 열강과 체결한 조약. '베이징 의정서'라고도 한다. 청나라와 영국·미국·러시아·독일·일본 등 11개국과의 사이에서 맺어진 조약이다. 청나라가 독일·일본 등에 사죄사(謝罪使)를 파견할 것, 배외(排外) 운동을 금지할 것, 관세·염세를 담보로 한 4억 5000만 냥의 배상금을 지불할 것, 베이징에 공사관(公使館) 구역을 설정할 것, 외국 군대를 상주시킬 것, 베이징 주변의 포대를 파괴할 것 등을 수락한 불평등 조약이다.

보호하게 되면 반드시 책값이 상승하게 되어 빈곤한 사람이 이로 인해 책을 읽지 못하게 되고, 결과적으로 중국 문명의 발전에 이롭지 않을 것이라고 주장하였다. 찬성론자로는 엄부 같은 사람이 대표적이었다. 그는 "작품의 창작은 저자의 지적 노동을 소비하는 것이며, 만일 저작권을 보호하지 않으면 서양의 선진 서적이 중국 시장에 들어오지 못하게 되고, 중국 민중의 계몽에 이롭지 않으며, 이로 인해 중국 현대화의 발전 과정에 부정적인 영향을 미치게 될 것"이라고 주장하였다.

결국 열강이 무력으로 위협하는 협상 테이블에서 중국의 협상 관료는 노력을 기울여 저작권을 보호하는 작품을 '중국인만 사용하는' 범위로 제한하였다. 중국 저작권법의 탄생은 청조 말기 변법의 일부를 구성하였다. 변법의 목적은 '국가의 보호와 백성의 안정'에 있었다. 핵심은 중국 저작권법의 탄생이 중국의 근대화, 주권독립, 문명국으로의 진입이라는 발전 과정과 관련된 것이었다. 그 결과, 중국은 저작권의 보호에 대하여 입법에 중점을 두고, 중국 민중의 지식재산권에 대한 의식 배양을 소홀히 하고 말았다. 이러한 상황은 민국 시기가 시작된 이후 긴 시간 동안에도 변하지 않았다.(李雨峰, 2006, 22쪽)

## 3) 일본 저작권 사상의 법적 배경

일본에서 1869년 제정된 출판조례에는, 서적출판은 쇼헤이·가이세이 두 학교에 출원하여 관청의 허가를 받을 것, 출판되는 서적에는 반드시 저술자, 출판인, 판매처(売弘所, 지역대리점)의 성씨와 주소를 기재할 것을 명령하는 한편, "도서를 출판하는 자는 관청에서 이를 보호받아 전매 이익을 거둘 수 있으며, 그 보호는 일반적으로 저술자의 생존 중으로 정하지만, 친족의 요청이 있을 시에는 사후에도 보호받을 수 있다"고 명기하였고, 무단 복제 도서는 인쇄용 판목과 완성된 서적을 모두 몰수하고 벌금을 부과하도록 규정되어 있다. 즉, 행정상의 관리와 함께 저작자의 권리 보호 징후가 비로소 나타나기 시작한 것이다. 이러한 취지는 1872년 개정출판조례, 1875년 개정출판조례에도 계승되어 1875년 개정조례에서는 도서의 저작 또는 외국 도서를 번역 출판할 경우에는 30년간 전매권을 부여하고, 이 전매권을 판권이라 명기하며, 출판 도서에는 저작자, 번역자의 성명과 출판연월일 혹은 판권면허 발행일을 기재하도록 되어 있다.

그 후 1883년 출판조례의 일부개정, 1887년 출판조례의 전부개정으로 이어지지만, 문서 및 도화(圖畵)에 대한 행정상 감독 및 치안·풍속 등에 관한 정부의 자세에는 변화가 보이지 않는다. 오히려 문서·도화를 출판할 때에는 발행일보다 10일 전에 내무성에 그 내용을 첨부하여 신고해야 하며, 그것을 개정·증감하거나 주석, 해석, 부록 등을 첨부할 때도 동일한 절차를 밟아야 했다. 이를 지키지 않고 출판할 경우에는 5엔 이상 100엔 이하의 벌금을 부과하는 등 행정상 관리 체계를 강화시켰다. 이러한 출판조례의 전부개정 시기와 맞물려 1887년 12월 28일 '판권조례'가 제정되어 판권이 사권으로 보호된다는 사실을 명확히 규정함으로써 드디어 근대적 의미의 저작권법이 그 틀을 갖추기 시작했다는 점은 시사하는 바가 크다고 하겠다. 당시 판권조례에서는 문서 또는 도화를 출판하여 이익을 전유(專有)할 수 있는 권리를 '판권'이라 하고, 판권 소유자라 하더라도 무단으로 그것을 번각(翻刻)하는 것을 위법으로 규정하고 있다. 문서나 도면을 출판하려는 사람이 법적 보호를 받기 위해서는 발행 전에 내무성에 판권 등록을 해야만 하고, 그 보호 연한 중에는 '판권 소유'란 네 글자를 기재할 것을 명령하고 있다. 이 판권조례와 함께 각본악보조례가 제정되어 연극 각본과 악보 역시 법적 보호가 시작되었고, 사진판권조례 역시 함께 제정되면서 사진판권이 새로 생겨나 위탁에 의한 사진 외에는 사진사에게 그 권리가 귀속되는 것으로 정해지기에 이르렀다.

당시 최초로 제정된 '판권조례'의 주요 내용은 다음과 같다.(저작권법100년
사편찬위원회 편, 2000, 63~64쪽)


① 문서 및 도화(図画)를 출판하여 그 이익을 점유할 수 있는 권리를 '판권'이라 하
고 판권 소유자의 승낙을 얻지 않고 그 문서 및 도화를 번각하는 것을 '위판'이라
한다.(제1조)

② 출판조례에 입각하여 문서 및 도화를 출판하는 자는 모두 이 조례에 의하여 판권
보호를 받을 수 있다.(제2조)

③ 판권 보호를 받으려 하는 자는 발행 전에 제본 6부의 정가를 첨부하여 내무성에
판권 등록을 출원한다.(제3조)

④ 판권 등록 문서 및 도안에는 그 보호 기간 동안 '판권 소유'의 4글자를 기재하여
야 한다. 기재가 없는 것은 등록 효과를 상실한다.(제5조)

⑤ 판권 보호 연한은 저작자의 사후 5년간으로 정한다. 다만 판권을 등록한 달부터
사망한 달까지의 기간에 5년을 더하여도 35년이 되지 않을 시에는 판권 등록 달
로부터 35년으로 정한다.(제10조)

⑥ 관청, 학교, 회사, 협회 등의 저작 명의로서 출판하는 문서 및 도안의 판권은 그
관청 및 학교에 속한다.(제7조 제4항) 그 판권 연한은 판권 등록 달로부터 35년으
로 정한다.(제10조 제 3항)

⑦ 여러 사람의 저작 또는 여러 사람의 강의, 연설을 편찬한 경우, 문서 및 도면의 판
권은 편찬자에게 속하고 편찬자가 사망했을 시에는 그 상속인에게 속한다. 다만
편찬자와 원저작자, 강의자, 연설자 또는 그들의 상속인과의 관계는 상호 계약에
의한다.(제7조 제5항)

⑧ 특히 유익한 문서 및 도면에서 판권 보호 기간의 이익이 출판의 노력과 비용을 보
상하지 못할 사정이 있는 것은 판권 소유자의 출원에 따라 내무대신이 추가로 10

년의 보호 기간 연장을 인정할 수 있다.(제13조)

⑨ 판권 소유자가 사망하였고 그 상속인이 없는 것을 확인한 경우에 그 저작물을 출판하려 할 때에는 그 취지를 관보(官報) 및 도쿄의 4곳 이상의 신문지 및 판권 소유자의 거주 지역 신문에 7일 이상 광고하여 최종 광고일로부터 6개월 이내에 상속인이 나오지 않을 시에 내무대신의 허가를 받아 판권을 이어받을 수 있다. 저작자 또는 상속인을 알 수 없는 저작물 중 공표되지 않은 것을 출판하려 할 때에도 같은 수순을 밟아 출판하고 판권 보호를 받을 수 있다.(제14조)

⑩ 판권 소유 문서 및 도화를 위판한 자는 판권 소유자에게 손해배상할 책임을 진다. 복사본을 발매하여 판권을 침해한 자도 동일하게 여긴다.(제16조)

⑪ 타인을 기만하기 위해 고의로 판권 소유자의 문서 및 도화의 제호를 도용 혹은 모방하거나 또는 성명·사호(社号)·옥호(屋号) 등을 유사한 것을 이용하여 타인의 판권을 방해하는 것은 위판으로 간주한다.(제21조)

⑫ 문서 및 도안을 사진으로 만들고 그것에 의해 판권을 어기게 될 시에는 위판으로 간주한다.(제23조)

⑬ 위판자 및 그 사정을 아는 인쇄업자·판매자는 1개월 이상 1년 이하의 금고형 또는 20엔 이상 300엔 이하의 벌금형에 처한다. 다만 피해자의 고소를 기다린 후에 그 죄를 묻는다.(제27조 제1항)

⑭ 판권을 소유하지 않은 문서나 도화라 하더라도 그것을 개변하여 저작자의 뜻을 해하거나 그 표제를 바꾸거나 저작자의 성명을 은닉하거나 타인의 저작을 사칭하여 번각할 수 없다. 이를 위반하는 자는 2엔 이상 100엔 이하의 벌금형에 처한다. 다만 피해자의 고소를 기다린 뒤 그 죄를 묻는다.(제28조)

위와 같이 이 조례를 통해 구저작권법을 거쳐 현행 저작권법에 이르기까지 신설되거나 정착된 다양한 제도의 초보적인 아이디어가 포함되어 있다는 점을 주목할 필요가 있다. 예를 들면, 법인저작물(⑥), 편집저작권 (⑦), 재정(裁定)에 의한 저작물 이용(⑨), 저작자 인격권 (⑭), 친고죄(⑬) 등이 그것이다. 그리고 이후 상표법, 혹은 부정경쟁방지법으로 규정되는 내용(⑪)도 이 조례로서 규정되어 있다. 그 밖에 주목할 만한 것은 현행법에서는 아직 규정되지 않은 '출판물의 판면(版面)에 관한 권리 보호' 규정(⑫)이 있다는 점이다. 이 규정은 1893년 판권법 제23조에도 같은 내용의 규정으로 이어졌으나 1889년의 저작권법에서는 삭제되었다.

이처럼 일본에서 태동한 저작권 사상은 1887년에 판권조례, 각본악보조례, 사진판권조례가 제정됨으로써 비로소 그 틀을 갖추기 시작했으며, 그 전까지는 행정상 감시를 위한 검열 제도로서 저작물 관련 법제가 존재했음을 알 수 있다.

한편, 메이지유신 전후의 출판 통제 정책을 살펴보면, 제2차 세계대전 이전, 즉 메이지 헌법[92]하에서도 표현의 자유는 어느 정도 보장받고 있었다. 메이지 헌법 제29조의 "일본 신민은 법률의 범위 안에서 언론과 저작, 인행(印行) 및 집회와 결사의 자유를 갖는다"라는 조항이 그것이다. 그러나 이 보장에는 다음과 같이 중대한 결함이 숨어 있었다.(淸水英夫, 1995, 75~80쪽 참조)

첫째, 메이지 헌법하의 '표현의 자유'에는 사상의 자유가 결여되어 있었다. 메이지 헌법의 어디에도 현행 헌법과 같은 사상의 자유에 대한 보장 규정은 찾아볼 수 없기 때문이다. 신앙의 자유(제28조)에 대해서도 "안녕 질서를 방해하지 않고 신민의 의무에 반하지 않는 경우에 있어서만" 허용되었다.

둘째, 메이지 헌법 제29조는 표현의 자유에 대하여 유보 조항을 두었다. '법률의 유보'에는 적극 또는 소극의 두 가지 측면이 있다. 먼저 적극적인 측면은

---

92) 제2차 세계대전 이전의 일본에는 '대일본제국헌법(大日本帝國憲法)'이 있었다. 이 헌법은 근대 입헌주의에 입각해 제정된 일본 제국의 헌법으로서 1889년 2월 11일에 공포되어 1890년 11월 29일 발효된 것이었다. 이 헌법은 공포 당시 일본을 통치하던 메이지(明治) 천황의 연호를 따서 일명 '메이지 헌법'이라고 부르기도 하고 줄여서 '제국헌법', 또는 지금의 일본 헌법과 구별하기 위해 '구헌법'이라 부르기도 한다.

현행 일본 헌법 제31조와 같이 인권을 제약하는 입법은 국회만이 정할 수 있다는, '법률'이라는 형식을 필요로 한다는 엄격한 법 절차의 보장이다. 반면 법률이라는 형식을 취하기만 하면 인권을 어떤 형식으로든 제한할 수 있다는 소극적인 측면도 있어서 메이지 헌법 제29조의 '법률의 범위 안에서'라는 제약은 그야말로 이러한 의미에서의 법률의 유보를 담고 있는 것이었다. 그리고 여기서 말하는 '법률'이 결국 각종 언론 및 출판을 통제하는 법규였던 것이다. 요컨대 언론 및 출판에 관한 오늘날의 법 상황은 자유를 보장하는 법체계이지만 메이지 시대에는 사회의 안녕 질서, 황실 존엄 등 국가 이익을 우선시하는, 단속을 위한 법체계였다고 할 수 있다.

한편, 메이지 헌법하의 표현 규제는 반대로 검열의 존재와 행정규 제의 우월성을 특징으로 들 수 있다. 물론 제2차 세계대전 이전의 출판법제에서 제도로서의 검열이 확실히 존재했었는가에 대해서는 논쟁의 여지가 있다. 당시에는 검열 제도를 부정하는 견해가 지배적이었는데, 그 이유는 검열 제도란 명백히 출판의 사전 허가 제도라고 생각하고 있었기 때문이다. 검열을 이렇게 출판의 사전 허가 제도로 제한할 경우 출판조례, 신문지조례 등도 1887년 개정을 통하여 허가 제도 자체를 폐지하고 있기 때문에 그 이후에는 제도로서의 검열은 존재하지 않았다고 볼 수 있다.

또한, 메이지 시대 출판 통제 정책은 메이지 신정부의 1868년 4월 28일 새로운 저술서 및 번각 서적에 대하여 "기관의 기준을 경유하지 않은 서적의 간행 및 매매를 금지한다"는 포고와 함께 6월 8일에 발표된 "근일 신문지류가 대량으로 간행되어 사람들을 홀리는 제품이 적지 않음에 대하여", "기관의 기준을 경유하지 않은 서적의 간행을 금한다"는 등의 태정관 포고에서부터 출발한다.(저작권법100년사편찬위원회 편, 2000, 44쪽) 이 포고로 인하여 구막부 관료들이 중심이 되어 신정부 비판을 통하여 발행 부수를 늘리던 신문들이 타격을 입게 되었다.

아울러 메이지유신 전후의 혼란을 수습하기 위하여 1869년 5월 13일, 신정부는 출판에 관한 최초의 법제도라고 할 수 있는 '출판조례'(행정관달 제444호)를 공포하였다. 대략적인 내용은 다음과 같다.

① 서적에는 저술자·출판인·판매처(売弘所, 지역대리점)의 성명과 주소 등을 기재한다.

② 도서를 출판하는 자는 정부의 보호에 따라 전매 이익을 인정한다. 보호 연한은 대개 저술자의 생존 기간으로 정하나 사후 그 친족이 인계 받을 시에는 다시 검토한다.

③ 출판에 앞서 서명·저술자·출판인의 성명, 주소, 목적을 쇼헤이학교, 가이세이학교에 제출하여 검인을 받은 면허장을 교부 받도록 한다.

④ 출판한 책 중 5권을 학교에 납본한다.

⑤ 위판(偽版) 도서는 모든 판목과 제본된 것을 몰수하고 벌금을 부과한다. 벌금은 원저작자와 출판인에 대한 보상금으로 사용된다.

⑥ 부록: 쇼헤이학교, 가이세이학교에 출판 취조국을 설치하여 관허(官許)를 결정할 것. 매달 출원을 마친 서적 열람부를 간행할 것. 도쿄·오사카·교토의 서점에서는 '서로 감찰할 것' 등.

1872년 1월에는 출판조례 일부개정이 있었다. 1869년 최초의 출판조례와 달라진 점은 다음과 같았다.

① 의무적으로 서적에 기재해야만 했던 저술자, 출판인, 판매처의 성명과 주소 중 판매처에 대한 규제를 없애고, 벌칙의 규정도 삭제하였다.(제1조)

② 금지되는 내용 규정이 간소화되었다. 1869년 출판조례에서 "엉터리로 교육법을

논설하는 사람의 죄를 거짓으로 고하거나 정무의 기밀을 누설하거나 혹은 비방에 이르러 음탕한 길로 유도하려는 내용을 기재하는 자는 죄의 경중에 따라 벌을 부과한다"라고 규정하였던 것이 "엉터리로 실정법을 논하여 비난하는 내용을 저술하는 것은 용서할 수 없다"로 바뀌었다.(제2조)

③ 도서 전매 보호 연한에 대한 규정이 삭제되고 "도서전매규칙은 이후 일반세법 확정시에 다시 명령한다"로 바뀌었다.(제3조)

④ 납본 부수가 5권에서 3권으로 줄어들었다.(제6조)

⑤ 위판을 발행한 자에 대하여 판목 및 제본 도서 몰수와 함께 벌금을 부과하고 그 벌금을 원저작자 및 출판인의 보상금으로 규정하였던 것을 "그 사정에 따라 벌을 결정할 것"으로 바꾸었다.(제9조)

⑥ 신문에 대하여서도 이 조례를 적용하도록 하였다.(제13조)

⑦ 출원을 마친 서적 목록은 문부성에서 인쇄하고 매월 혹은 격월마다 서점에 배포하여 저술자가 참고하도록 하였다.(부록)


이렇게 개정된 출판조례에 따라 출판업자들은 줄줄이 신간 서적 목록을 발행하였다. 곧 1874년 4월에 도쿄에서는 「무진이래신각서목편람(戊辰以来新刻書目便覽)」을, 같은 해 10월 교토에서는 「어유신이래교토신각서목일람(御維新以来京都新刻書目一覽)」을, 11월에 오사카에서는 「무진이래신각서목일람(戊辰以来新刻書目一覽)」을 각각 간행하였다.

1875년 6월 28일에는 다시 출판조례가 개정되었다. 이때 신문지조례와 함께 '참방률'이 포고되어 신문·출판에 관한 소관 업무가 내무성으로 이전되었다. 내무성은 이후 지속적으로 제도 확립을 위한 포고문을 공포해 나갔다. 7월 9일에 출판 면허증서 양식을 개정하고 7월 22일에는 출판 면허원서에 원고를 첨부하도록 하였다.

그 밖에 1875년 개정 출판조례는 30년 동안 도서 전매권을 부여하는 '판권'을 최초로 규정하고 있어 주목된다. 개정 내용은 다음과 같다.

① 도서를 저작 혹은 번역하여 출판하는 자는 사전에 내무성에 출원하도록 한다.(제1조)

② 원서를 제출하여 면허를 신청한 자는 30년 동안 전매권을 부여받을 수 있다. 이 전매권을 '판권'이라 한다. 판권을 바라지 않는 자는 자유로이 출판할 수 있다.(제2조) 특히 세상에 널리 이득이 되는 것은 15년 더 판권을 연장할 수 있다.(제6조)

③ 출판 신청 및 판권 출원에는 원고를 첨부할 필요가 없다. 다만, 경우에 따라서 원고를 검사할 수 있다.(제3조) 검사 결과 문제점이 드러날 경우에는 판매 금지 등을 명령할 수 있다.(제4조)

④ 판권 보호 기간 이내에는 판권을 상속할 수 있다. 다만, 판권 양수(讓受)의 취지를 제출하여야 한다.(제13조)

⑤ 타인의 저작 또는 번역서를 출판하는 자는 반드시 저작자나 번역자의 승낙을 받아야 한다.(제14조)

⑥ 판권을 얻은 자의 문장을 표절하는 것은 용서되지 않는다. 하지만 논변하거나 증명을 위하여 인용하는 경우에는 다르다.(제15조)

⑦ 출판 도서는 내무성에서 목록을 만들어 때때로 공포한다.(제19조)

⑧ 3부를 내무성에 납본한다. 그리고 판권료로 제본된 도서 6부의 정가를 납입한다.(제20조)

⑨ 위판을 만든 자, 타인의 판권을 침해하여 출판하는 자에게는 20엔 이상 300엔 이하의 벌금을 과하고 그 각판본(刻版本) 및 판매 이익금은 몰수하여 원출판자에게 지급한다.(벌칙 제2조)

⑩ 저술 및 번역서가 참방률 및 신문지조례 제12조 이하를 어길 경우에는 그 저술, 번역자는 벌을 받고 출판자를 공범으로 간주한다.(벌칙 제5조)

⑪ 본 조례 이전의 포고·포달 등은 모두 폐지한다. 종전 발행한 도서도 본 조례 발효 후 4개월 이내에 재출원하도록 한다.(부록 수칙)

1876년 5월에 내무성은 '출판 전 반드시 내무성에 출원해야 할 주의사항'을 포고하였다. 출판조례 제2조의 단서조항에서는 판권을 출원하지 않은 서적은 자유롭게 출판하는 것을 허가한다고 되어 있었으나 이러한 경우에도 출원이 필요하다고 한 것이다. 지금까지의 출판 조례와는 달리 출판을 통제하겠다는 의도를 분명하게 드러낸 것으로 보인다. 벌칙 제5조 규정에 따라 참방률 또는 신문지조례를 어기는 경우에 저술가 및 번역자를 처벌하는 동시에 출판자도 공범으로 간주하게 된 것 또한 출판 통제 정책의 한 갈래라고 할 수 있다.

또한, 1876년 7월부터 내무성 도서국에서 『판권서목(版権書目)』이 간행되었다. 이 책은 1년에 2회 발행되어 1877년부터는 사진판권도 게재하였다. 또 '판권서목'과 함께 1878년 1월부터는 내무성에 납본된 서적을 망라한 《출판서목월보(出版書目月報)》의 간행이 시작되었다.

이후 이 두 목록에 게재되는 출판물의 수는 1894년까지 급격히 증가하는 추세를 보인다. 1878년에 새로 간행된 《출판서목월보》에 게재된 같은 해 1년간의 목록 수는 판권이 있는 것 1,436종, 판권이 없는 것 1,225종, 1879년에는 판권이 있는 것 1,403종, 판권이 없는 것 1,112점 정도였던 것이 1894년에는 총합이 27,250점으로 늘어 메이지 12년(1879)과 비교하여 겨우 15년 사이에 10배 이상 늘어난 것이다.

한편, 1883년에 메이지 신정부는 신문지조례를 전면 개정하였고, 이때 출판조례도 일부개정되었다. 출판조례에서 개정된 내용은 다음과 같다.

① 저술서를 출판하거나 외국 도서를 번역하여 출판하려는 자는 출판일 10일 이전에 내무성에 출원하도록 한다.(제1조)

② 저술 및 번역 도서에서 신문지조례 제31조 내지 제34조(미공개 공문·건백서(建白書)[93]의 게재, 관청·의회의 미공개 논의 게재, 예심·방청 금지 재판 기록의 공개, 군사기밀·외교비밀 누설) 및 제37조 내지 제39조의 죄(정치 및 체제 붕괴, 실정법 비방, 외설)를 저지른 자는 저술, 번역자 및 출판자를 공범으로 간주하여 해당 조례의 벌칙을 부과한다.(벌칙 제5조)

이상과 같은 신문지조례 및 출판조례의 개정은 종전과 비교하여 통제 수위가 훨씬 높았기 때문에 1882년 말 355종에 달하였던 신문이 1883년 말에는 199종까지 감소하였다. 아울러 두 조례가 개정된 1883년에는 7월 2일에 '관보(官報)'가 창간되어 이후 출판면허 도서는 이 관보를 통하여 공고하게 되었다. 이에 따라 '판권서목'은 그해 6월에 제27호를 끝으로 폐간되었다.

교육에 있어도 중앙집권화가 진행되어 1879년 학제를 대신하여 공포된 교육령이 이듬해 개정되어 같은 해 3월, 문부성은 편집국을 설치하고 소·중학교 교과서 편집을 담당하도록 하면서 적당하지 않다고 여겨지는 교과서 사용을 금지하였다. 그리고 1881년 5월 소학교 교칙강령에 의한 교육 과정 통일이 시도되어 교과서의 출원제·인가제를 거쳐 1886년 검정 제도를 실시함으로써 교과서 체제의 통일을 꾀하였다.

또한, 1880년 4월 5일에는 '집회조례'가 제정되었고, 7월 17일에는 '형법(刑法)'이 공포되었다. 행정 조직 정비도 함께 진행되어 1881년 1월, 내무성에 경보국(警保局)이 설치되었고, 같은 해 2월 이후 도서국에서 이관된 납본 사무를

---

93) 관청이나 윗사람에게 전하는 의견을 적은 서류.

관장하게 되었다. 1882년 12월에는 '우편조례'가 공포되어 제3종 우편물 제도가 새로이 설치되었다. 이렇게 중앙집권적 출판 제도가 확립되기 시작한 것이 메이지 10년대의 특징이었다.

이러한 정세의 변화 속에서 1887년 12월 28일, 출판조례 및 신문지조례의 개정과 더불어 '판권조례', '사진판권조례', '각본악보조례'가 각각 공포되었다. 이처럼 다섯 가지 조례가 공포됨으로써 출판조례의 성격도 변하게 되었다. 종전 출판조례에 있어서 판권 보호 관련 규정을 독립시켜 판권조례로 만들고, 출판조례는 오직 통제를 목적으로 한 출판 규제 법규가 되었던 것이다.

출판조례는 1875년 당시 초고를 사전에 검열할 수 있도록 한 규정(구조례 제3조)을 폐지한 대신 발행 10일 전에 제본된 도서 3부를 첨부하여 내무성에 제출하도록 하였다.(제3조) 발행 도서 출원 서류에는 저작자(또는 상속인)와 발행자가 함께 이름을 기재하도록 하였고(제5조), 문서 및 도화의 판매를 직업으로 삼는 자만이 이를 유상으로 발매, 배포할 수 있도록 한정하였다.(제6조) 아울러 치안을 방해하거나 풍속을 혼란스럽게 하는 것이라고 여겨지는 문서 및 도화에 대해서는 발매, 배포의 금지, 각판·인쇄본 차압이 가능하도록 규정하였다.(제16조) 이처럼 폭넓은 해석이 가능한 규정을 도입함에 따라 출판 통제는 실질적으로 더욱 강화되었다.

1883년에는 신문지조례 또한 면허주의였던 기존 규정을 바꾸어 발행일 2주 전에 발행지의 관할청을 통하여 내무성에 출원하도록 하는 출원주의로 개정되었다.(제1조) 또 발행할 때마다 내무성에 2부, 관할청 및 관할 치안재판소 검사국에 각 1부씩을 납본하도록 하였다.(제12조) 발행 금지 사항에 대해서는 구조례의 규정이 거의 그대로 인계됨과 동시에 출판조례에서와 마찬가지로 치안을 방해하고 풍속을 혼란스럽게 한다고 여겨지는 신문에 대한 포괄적인 통제 규정이 신설되었다.(제19조)

1892년 4월에는 판권조례 및 출판조례가 폐지되고 '판권법' 및 '출판법'이 공포되었다. 판권법은 1887년 판권조례 규정을 대부분 이어받았으므로 기본적으로 큰 차이는 없었다. 출판법 또한 1887년 조례를 기본적으로 답습하고 있으므로 소소한 개정만 이루어졌으며, 주요 내용은 다음과 같다.

① 문서 및 도화 발행 시 내무성에 출원할 때에 10일 전까지 제본 3부를 납부하도록 되어 있던 것이 3일 전까지 제본 2부를 납부하도록 경감되었다.(제3조)

② 출판 전 출원 의무 및 유상 출판물의 발행을 판매 영업자에게 한정한 것의 예외로 종래의 '사칙(社則), 숙칙(塾則), 광고지, 모든 예술의 팸플릿, 모든 종류의 양식서·증서류'에 추가로 서간, 통신문, 보고, 사진을 추가하였다. 다만, 위에 적은 출판물 양식도 제16조 이후의 발행 금지 조항의 대상이 됨을 명시하였다.(제9조)

③ 12개월 동안 1회도 발행하지 않는 잡지는 폐간으로 간주한다는 규정이 신설되었다.(제10조)

④ 공소 시효가 2년에서 1년으로 변경되었다.(제33조)

이상에서 살핀 바에 따르면, 일본 근대 출판 형성기에 있어 1869년에 제정된 출판조례가 저작권 보호와 출판물 규제를 구분하지 않고 무차별적으로 규정하고 있었다면, 1887년 등장한 판권조례는 공법(公法)의 영역이었던 출판물 규제를 제외하고, 사법(私法)의 영역에 속하는 저작권 보호만 독립적으로 규정한 최초의 저작권 관련 법제가 되었음을 알 수 있다. 이후 1899년에 일본은 '문학적 및 미술적 저작물의 보호에 관한 베른조약'(일명 '베른협약'이라고도 한다)에 가입하면서 그 결과로 저작권법이 공포되었는데, 이 법이야말로 일본 최초의 근대법이라고 할 수 있다.

이처럼 판권법과 출판법의 등장 배경에는 순수한 저작권 보호 혹은 출판의 자유 확장을 위한 근대적 의미의 법제 마련이라는 동기보다는 출판 통제를 통한 정권 유지 수단의 확보와 천황제 및 제국주의 발흥의 시대적 당위성을 홍보하기 위한 측면이 강하게 작용하였음을 알 수 있다. 아울러 일본 저작권법 또한 자발적인 저작권 보호 차원의 제도적 장치로서 마련된 것이 아니라 개항을 위하여 불가피하게 외세의 요구에 응한 결과였다는 점에서 태생적 한계를 지니고 있다. 나아가 이 같은 불완전한 법제가 일제에 의하여 강점된 한국에 그대로 이식됨으로써 이후 한반도에서의 출판 통제 정책과 저작권 법제가 정착하는 데 있어 강력한 토대로 작용하게 된 것이다.

한편, 저작권 보호에 관한 국제협약으로서의 '베른협약'은 1896년 파리회의에서 개정되는데 일본은 1899년 7월 15일 베른협약 파리개정규정에 가입하는 한편, 같은 해에 1970년 말까지 시행된 구저작권법을 제정하기에 이른다. 구저작권법은 당시로서는 선진 외국 저작권법에 뒤지지 않는 면모를 갖추고 있었으나 그것은 베른협약을 기초로 했기 때문이었다. 당시에 이미 존재하고 있던 판권조례, 각본악곡조례나 사진판권조례에 따라 저작물을 보호하더라도 그 대상은 문서, 도화, 사진 등의 제한적 범위에 그쳤고, 외국인 저작물의 보호는 인정하지 않았다. 이처럼 미숙한 저작권 법제도 아래에서 저작권 사상의 성취는커녕 저작권이란 단어를 아는 사람도 극소수였던 당시에 일본에서는 어떻게 그처럼 진보적인 저작권법을 제정할 수 있었을까.

그 배경에는 이른바 안세이 불평등조약(安政の不平等条約)이 있다. 1853년, 미국 페리(Matthew C. Perry) 제독은 4척의 배를 이끌고 일본 우라가(浦賀)에 입항하면서 도쿠가와 막부에 대해 개항을 요구하게 된다. 갑작스런 개항 요구에 대해 막부는 안세이(安政) 5년(1858) 미국, 네덜란드, 러시아, 영국, 프랑스와 이른바 '안세이 불평등조약'을 맺고 요코하마, 나가사키, 하코다테, 미토 등지에 외국인 거류지를 설치하였다. 이에 영사재판(領事裁判) 외에 행정 및 경찰권을 외국인이 장악하고 영구차지권(永代借地權)을 취득하는 사례가 생김으로써 필연적으로 식민지적 성격을 가지는 지역이 일본 각지에 발생하게 되었다. 이처럼 불평등 조약으로 인한 문제점을 해결하는 일은 결국 메이지 정부의 최대 과제로 남기에 이르렀다.

메이지 정부는 불평등 조약을 바로잡기 위한 전제로서 근대적 법치 국가의 형태를 다지기 위해 1889년 대일본제국헌법을 시작으로 1898년 민법, 이어서 상법의 제정을 통해 근대 법전 정비를 서둘렀고, 그 일환으로 저작권법도 1899년에 제정하게 되었던 것이다. 불평등 조약을 시정하기 위한 첫걸음으로 1894년 런던에서 영일통상항해조약(英日通商航海条約)이 조인되었는데, 그 내용 중에 "일본 정부는 일본 국내에 대한 영국 영사재판권 폐지에 앞서 공업소유권 및 판권의 보호에 관한 만국동맹조약에 가입할 것을 약속한다"는 규정이 들어 있었기 때문에 이를 이행하기 위해 베른협약에 가입하였고, 이를 계기로 미국, 러시아, 독일 순으로 통상조약을 체결해 나갔다.(저작권법100년사편찬위원회 편, 2000, 9∼10쪽)

결국 일본에 있어 저작권법의 제정, 베른협약 가입 등 근대적 저작권 법제의 구축은 일본 정부 또는 일본인 스스로의 노력에 따라 저작권 사상이 무르익은 데에 따른 결과라기보다는 외세의 개입에 이끌려가는 과정에서 어쩔 수 없이 만들어진 결과라는 측면이 강했던 것이다. 하지만 일본 근대 저작권 법제 구축의 배경에 비록 외세의 개입이 두드러졌다고 해서 관련 법제의 효율성을 부정할 수는 없으며, 이후 일제 강점기를 통해 우리 근대화에 미친 일본 저작권 사상의 영향을 고려할 때 그 의미는 결코 적지 않다고 하겠다.

# 동양 저작권 사상의 전개 양상과 전망

제 4 장

# 1. 한국 저작권 사상의 전개 양상과 전망

## 1) 아날로그 미디어에서 디지털 미디어로의 전환

마셜 매클루언의 주장이 아니더라도 구어(口語) 시대에서 문자(文字) 시대로, 필사 매체에서 인쇄(印刷) 매체로, 그리고 전자 매체 곧 디지털 미디어로 발달되어 온 과정은 커뮤니케이션 그 자체의 확장이라기보다는 커뮤니케이션 '전달 도구'의 확장이라고 볼 수 있다. 정보 제공자가 수신자에게 메시지를 전달하는 기술 자체로서 이러한 매체들을 이해할 필요가 있다. 예컨대, 인터넷이 가지고 있는 시·공간적 확장이란 곧 기술적 측면의 확장이지 의사소통 즉, 커뮤니케이션의 확장과는 별개의 차원에서 논의될 필요가 있는 것이다.(최낙진, 1999, 32쪽)

인쇄 매체의 전자화에 따른 변화를 보는 여러 학자들의 시각을 살펴보면 일단 인쇄 매체의 미래는 그리 밝지 않은 것처럼 보인다. 먼저, 미국 미래연구원(Institute for the Future)의 연구원인 사포(Paul Saffo)는 다음과 같이 종래의 인쇄된 정보와 첨단 전자 정보 사이에 새로운 시너지 효과가 있다고 예견하고 있다.(Paul Saffo, 1992, F~13쪽)

마셜 매클루언

종이는 사라지지 않을 것이지만 종이 형태가 아닌 미디어는 앞으로 우리의 시간을 더 많이 빼앗을 것이다. 우리는 궁극적으로 말(馬)이 필요 없어졌듯이 종이가 필요 없는 시대를 맞이할 것이다. 말은 여전히 우리 주위에 맴돌고 있지만, 말은 단지 취미를 즐기는 사람들이 타는 승마용이지 출퇴근하는 사람이 타는 것이 아니다. 〈중략〉 이제 정보를 전자 형태로 저장하는 것이 보다 저렴해졌다. 종이는 점차적으로 전자 형태로 축적된 정보를 잠깐 보는 일회용이나 임시적인 매체와 같은 중간 역할을 하게 되었다. 우리가 전자 정보를 읽고자 하는 준비가 되었을 때, 종이의 사용이 감소되는 미래 사회에 진입하게 될 것이다. 그리고 종이는 신속하게 재활용될 것이다.

또한, 이미 오래전에 실용 단계에 접어든 인쇄의 전자화에 대하여 언론학자 앤서니 스미스(Anthony Smith)는 이와 같은 변화를 인류 초기의 두 가지 커뮤니케이션 혁명의 변화 과정과 비교하고 있다. 즉, 하나는 필사 기술의 발명에 의한 변화였고, 다른 하나는 구텐베르크의 인쇄 혁명으로 인한 변화라는 것이다.(Anthony Smith, 1980, 41쪽)

인쇄의 전산화는 정보의 사회적 통제와 개인들의 창조적인 생각을 가능하게 하고 또한 인간의 기억력과 맞물려 정보의 상호작용을 가능하게 함으로써 앞서 언급한 다른 커뮤니케이션 혁명과 동일한 규모와 중요성을 가진 세 번째 커뮤니케이션 혁명이다.

아울러 다음 〈표 5〉에서 보는 것처럼 이제 디지털 미디어의 발달은 커뮤니케이션 패러다임에도 큰 변화를 가져오고 있다.

이처럼 인쇄 미디어와 디지털 미디어는 여러 가지 면에서 사뭇 다른 특성을 보인다. 특히 과거에 '독자(讀者)'로 지칭되던 수용자 층이 '이용자'라는 개념으로 확대됨으로써 일방적인 커뮤니케이션 양상에서 쌍방향성을 띠게 되었다는 점은 기존 미디어와 뉴 미디어의 극명한 차이를 드러낸 부분이 아닐 수 없

**〈표 5〉 인쇄 미디어와 디지털 미디어의 커뮤니케이션 패러다임 비교**

| 구분 | | 인쇄 미디어 | 디지털 미디어 |
|---|---|---|---|
| 매체의 성격 | | 매체 분화의 정점 | 매체 융합의 정점 |
| 적용되는 산업 | | 규모의 경제 실현 | 규모의 경제와 범위의 경제 동시 실현 |
| 생산조직 유형 | | 피라미드 조직 | P자형 조직 |
| 유통 채널 | | 매체사 ⇒ 자국(서점) ⇒ 소비자 | 매체사 ⇒ 소비자 |
| 독자 분류 | | 구독자(subscriber) 및 정보소비자 | 이용자(user) 및 네티즌(netizen) |
| 상품 특성 | | 배타적 상품<br>(1회 소비 후 상품가치 하락) | 비배타적 상품(무한적 재생 이용 후에<br>도 상품가치 보존) |
| 시장의<br>범위 | 공간 | closed "clubs" | global market |
| | 시간 | 유통 기한 내 한정 시간 | 무한 시간 |
| 언어 시장 | | 각국 중심의 자국어 | 자국어 / 영어 |
| 규제 모델 | | 국가·시장·시민사회 3원 모델 | 시장·시민사회 2원 모델 |

\* 출처: 최낙진, 1999, 87쪽의 내용을 부분 수정함.

다. 그럼에도 기존의 아날로그 미디어가 차지하고 있던 그 자리를 모두 미래에는 디지털 미디어가 대신하게 될 것이라고 단정적으로 예측할 수는 없다. 오히려 이들의 병존 가능성 내지는 상호협력 모델을 개발하는 것이 연구자들이 수행해야 할 임무일 것이다.

앞서 인쇄 미디어의 역사적 배경과 특성에 대하여 살펴본 바와 같이 오늘날 정보의 상품화에 있어 당연한 권리처럼 여겨지는 '저작권'이란 개념은 사실상 자본주의 이념의 생성과 밀접한 관련이 있다. 공동체 생활과 자급자족의 미덕이 사라진 경제적 무한 경쟁의 시대를 예고하며 탄생한 개념이기 때문이다. 그리고 그 배경에는 대량 복제 시대를 연 인쇄술의 발명을 통한 아날로그 혁명이 자리 잡고 있다. 곧, 중세 이후 인쇄술에 의한 복제물의 대량 배포가 가능해지면서 저작권이란 권리 개념이 형성되었으며, 저작권 사상이 싹튼 계기로 구텐베르크의 인쇄술 발명을 떠올리는 것은 당연한 일이다.

따라서 오늘날 저작권법의 제정 목적을 "저작자의 권리와 이에 인접하는 권리를 보호하고 저작물의 공정한 이용을 도모함으로써 문화 및 관련 산업의 향상발전에 이바지함"이라고 선언하고 있는 배경에도 당연히 자본주의 이념이 도사리고 있다. 다만, 경제적 측면 이전에 사람이 사람답게 살아가는 데 있어 반드시 필요한 덕목으로서 '정신문화'를 떠올린다면, 그리하여 문화로서의 저작물을 창작하려는 사람들에게 안전한 환경을 만들어 주어야 한다면, 저작권은 반드시 보호되어야만 하는 덕목이 아닐 수 없다.

## 2) 한국 저작권법의 주요 내용

한국 저작권법 제1조에서는 법 제정의 목적에 대하여 "이 법은 저작자의 권리와 이에 인접하는 권리를 보호하고 저작물의 공정한 이용을 도모함으로써 문화 및 관련 산업의 향상발전에 이바지함을 목적으로 한다"고 규정하고 있다. 여기서 '저작자의 권리'란 곧 '저작권'을 가리키며, '이에 인접하는 권리'란 '저작인접권'을 가리킨다.

'저작권'이란 "인간의 사상이나 감정을 창작적으로 표현한 저작물(著作物)을 보호하기 위하여 그 저작자에게 부여한 권리"를 말한다. 곧 저작물의 창작자에게 자기 저작물의 이용에 관한 배타적인 권리를 부여하고, 그 저작물을 다른 사람이 이용할 때에는 저작권자의 허락을 필요로 하며, 그러한 허락을 얻지 않고 이용하는 행위를 위법으로 규정하는 것이 바로 저작권 보호의 원칙이다.(김기태, 2010c, 13쪽) 한국 저작권법에 따르면, 저작물을 창작한 저작자에게는 '저작인격권'과 '저작재산권'이 부여된다.

'저작인접권(著作隣接權, neighbouring rights)'은 "저작권에 준하는 권리"를 말한다. 그런데 권리의 성질로 보아 재산권인 동시에 배타권이기는 하지만 직접 창작한 사람에게 부여하는 권리가 아니라는 점에서 저작권과는 본질적으로 다르다. 한국 저작권법에서는 실연자·음반제작자·방송사업자에게 저작인접권을 부여하고 있는데, 이들은 저작물의 직접적인 창작자는 아니지만 그것을 해석하고 전파함으로써 저작물의 가치를 키웠을 뿐만 아니라 문화 발전에 이바지하는 공로가 크므로 그러한 행위에 일종의 정신적 창작성을 인정하여 저작권에 인접하는 배타적 권리를 부여한 것이다. 특히 저작물의 복제 및 전파 수단이 급속도로 발전함에 따라 이들이 입는 경제적 타격도 무시할 수 없다는 인식이 공감대를 형성하면서 저작인접권에 대한 관심이 국내뿐만 아니라 국제적으로도 매우 높아지고 있다.

또, 한국 저작권법에서 말하는 '저작물'이란 "인간의 사상 또는 감정을 표현한 창작물"을 가리킨다. 한국 대법원 판례[94]에 따르면 "저작권법상 '창작성'이란 완전한 의미의 독창성을 말하는 것은 아니며, 단지 어떠한 작품이 남의 것을 단순히 모방한 것이 아니고 각자 자신의 독자적인 사상 또는 감정의 표현을 담고 있음을 의미할 뿐이어서 이러한 요건을 충족하기 위해 단지 저작물에 그 저작자 나름대로의 정신적 노력의 소산으로서의 특성이 부여되어 있고 다른 저작자의 기존 작품과 구별할 수 있을 정도이면 충분하다"고 함으로써 창작성의 정도를 높게 요구하지 않는 입장을 보이고 있다.

또 다른 판례[95]에서도 저작권법에서 보호하는 저작물, 즉 창작물이란 "저작자 자신의 작품으로서 남의 것을 베낀 것이 아니라는 것과 수준이 높아야 할 필요는 없지만 저작권법에 의한 보호를 받을 가치가 있는 정도로 최소한도의 창작성이 있다는 것을 의미한다"고 한다. 특히 학술의 범위에 속하는 저작물의 경우 그 학술적인 내용은 만인에게 공통되는 것이고 누구에 대하여도 자유로운

---

94) 대법원 2000.10.24. 선고 99다10913 판결 등.
95) 서울중앙지방법원 제4형사부 2005.12.13. 선고 2005노3375 판결.

이용이 허용되어야 하는 아이디어의 영역에 속하는 것으로서 그 저작권의 보호는 창작적인 표현 형식에 있지 학술적인 내용에 있는 것은 아니라고 할 것이어서, 이러한 학술적인 내용은 그 이론을 이용하더라도 구체적인 표현까지 베끼지 않는 한 저작권 침해로 볼 수 없다고 한다.

또, 한국 저작권법에서 규정하고 있는 '저작자(著作者)'란 곧 "저작물을 창작한 사람", "사실상의 저작 행위를 함으로써 저작물을 창작해 낸 사람"을 가리킨다. 그러므로 숨겨져 있던 다른 사람의 저작물을 발견했거나 발굴해 낸 사람, 저작물의 작성을 의뢰한 사람, 저작에 관한 아이디어나 조언을 한 사람, 저작을 하는 동안 옆에서 도와주었거나 자료를 제공한 사람 등은 저작자가 될 수 없다. 그리고 저작물의 내용이나 수준은 문제가 되지 않으므로 직업적인 문인이나 학자, 또는 예술가가 아니라도 저작 행위만 있으면 누구든지 저작자가 될 수 있다. 따라서 법률상 무능력자로 취급되는 미성년자나 정신이상자라 할지라도 저작 행위를 했다면 저작자가 된다. 또한 자연인으로서의 개인뿐만 아니라 단체 또는 법인도 저작자가 될 수 있다. 그리고 저작물에는 1차적저작물뿐만 아니라 2차적저작물과 편집저작물도 포함되어 있으므로 2차적저작물 또는 편집저작물의 작성자 또한 저작자가 된다.

그런데 하나의 저작물에 대해 저작자와 저작재산권자가 서로 다른 사람일 수 있다는 점에서 주의가 필요하다. 현행 저작권법의 규정에 따라 저작인격권은 저작자 일신에 전속되므로 별 문제가 없지만, 저작재산권은 저작자가 전체 또는 부분적인 권리를 제3자에게 양도할 수도 있으므로, 그럴 경우에는 일정 권리를 양도받은 사람이 저작재산권자가 되기 때문이다. 나아가 저작재산권은 "저작자의 생존하는 동안과 사망 후 50년간 존속한다"는 규정에 따라 상속이 될 수 있다는 점에서 저작자와 저작재산권자는 구별될 수밖에 없는 경우가 있다. 또, 저작물의 저작자는 1인에 한정되지 않으며 2인 이상의 사상이나 감정이

하나가 되어 구체화된 공동저작물의 경우에는 공동으로 창작한 사람 모두가 저작자가 된다. 한국 저작권법에서는 이런 저작자의 특성과 관련하여 '저작자 등의 추정'[96)]과 '업무상저작물의 저작자'[97)]에 관한 규정을 별도로 두고 있다.

결국 저작자의 요건으로서는 절대적으로 저작 행위가 요구되기 때문에 다음과 같은 사람은 저작자가 될 수 없다.(저작권심의조정위원회, 1988, 240~241쪽)

첫째, 다른 사람에게 저작 행위를 위촉하는 자. 위촉자가 수탁자에게 아이디어나 자료를 제공한 경우라 할지라도 위촉에 의한 저작물의 저작자는 수탁자가 된다. 다만, 대작(代作)의 경우에 대작자는 위촉자의 수족으로서 창작을 한 것으로 해석하는 것이 가능한 경우도 있어 위촉자가 저작자로서 통용되는 예가 많이 있다.

둘째, 다른 사람의 지시에 따라서 그 저작 행위를 보조하는 자. 예컨대, 타인의 구술(口述), 즉 말하는 것을 그대로 받아 적는 자.

셋째, 감수자나 교열자. 다만, 창작 과정에 대한 기여의 정도가 직접 저작 행위를 한 사람보다 훨씬 큰 경우에는 저작자가 될 수 있으며, 또는 공동저작자가 될 수도 있다.

넷째, 민요 등의 채보자. 채보(採譜)란 아직 고정되지 않은 민요 등을 악보로 수록하는 행위를 말하며, 이 경우 채보자는 기존의 선율을 악보로 작성하는 사람에

---

96) 저작권법 제8조(저작자 등의 추정) ① 다음 각 호의 1에 해당하는 자는 저작자로 추정한다.

　　1. 저작물의 원본이나 그 복제물에 저작자로서의 실명 또는 이명(예명·아호·약칭 등. 이하 같다)으로서 널리 알려진 것이 일반적인 방법으로 표시된 자

　　2. 저작물을 공연 또는 공중송신하는 경우에 저작자로서의 실명 또는 저작자의 널리 알려진 이명으로서 표시된 자

　　② 제1항 각 호의 1의 규정에 의한 저작자의 표시가 없는 저작물의 경우에는 발행자 또는 공연자로 표시된 자가 저작권을 가지는 것으로 추정한다.

97) 저작권법 제9조(업무상저작물의 저작자) 법인 등의 명의로 공표되는 업무상저작물의 저작자는 계약 또는 근무규칙 등에 다른 정함이 없는 때에는 그 법인 등이 된다.

불과하므로 저작자가 될 수 없다.


　이러한 저작자에게 주어지는 '저작인격권'이란 "저작자가 자신의 저작물에 대해 갖는 정신적·인격적 이익을 법률로써 보호받는 권리"라고 할 수 있으며, 저작권법에서는 이를 세분하여 공표권, 성명표시권, 동일성유지권의 세 가지로 나누어 규정하고 있다. 아울러 인격권은 곧 정신적인 권리라는 점에서 '일신전속성'이란 특성을 띤다. 남에게 양도하거나 상속시킬 수 없는 권리란 뜻이다.

　끝으로, '저작재산권'이란 저작자가 자신의 저작물에 대해 갖는 재산적인 권리를 뜻한다. 따라서 일반적인 물권(物權)과 마찬가지로 지배권이며, 양도와 상속의 대상일 뿐만 아니라, 채권적인 효력도 가지고 있다. 저작자 일신에 전속되는 인격권과는 사뭇 다른 특성을 가지고 있는 것이다. 또한 저작재산권은 저작자가 자신의 저작물에 대해서 갖는 배타적인 이용권이라고도 할 수 있다. 그러나 실제로는 자신이 직접 저작물을 이용하는 경우보다는 남에게 저작물을 이용하도록 허락하고 그 대가를 받는 경우가 대부분이다. 이러한 저작재산권을 세분하여 저작권법에서는 복제권, 공연권, 공중송신권, 전시권, 배포권, 대여권, 2차적저작물작성권 등 일곱 가지에 대해 규정하고 있다.

　한편, 일반적인 소유권은 보호기간이 정해져 있지 않고 영구적인 것이 특징이지만, 저작재산권은 한 사회의 문화 발전을 꾀하는 수단이어야 한다는 측면에서 법에 의해 그 보호 기간이 한정된다. 이러한 저작재산권의 보호 기간 기산(起算)의 기준은 크게 '저작자의 사망 시'와 '저작물의 공표 시'의 두 가지 방식이 있다. 저작권법에서 규정하고 있는 일반적인 저작재산권 보호 기간의 원칙은 다음과 같다.

　첫째, 자연인으로서의 저작자가 누구인지 명확한 경우에는 그 저작자가 살아 있는 동안과 사망한 후 70년 동안 저작재산권이 존속한다. 예를 들어, 어떤 사람이 40세에 소설 한 편을 발표한 다음 70세에 사망하였다면 그 소설에 대한 저작재산권의 보호기간은 모두 100년이 되는 것이다.

둘째, 공동저작물의 경우에는 공동의 저작자 중 맨 마지막으로 사망한 저작자의 사망 후 70년간 존속한다. 이때 공동저작물이란 "2인 이상이 공동으로 창작한 저작물로서 각자의 이바지한 부분을 분리하여 이용할 수 없는 것"을 말한다.

그 밖에 무명(無名) 또는 이명(異名) 저작물, 업무상저작물, 영상저작물 등의 보호기간은 공표 후 70년이며, 창작한 때부터 50년 이내에 공표되지 않은 경우에는 창작한 때부터 70년간 존속한다.

결국, 저작권 보호가 법으로서 정착되는 과정에 영향을 미치는 제 요소에는 정책의 주체인 정부, 매체 기술의 진전, 이해 당사자로서의 권리자와 이용자, 그리고 국내 환경을 둘러싸고 있는 국제 저작권 환경이라는 네 가지 차원이 있다. 이들 제 요소가 저작권에 미치는 영향을 정리하면 〈그림 1〉과 같다. 정부는 주로 저작권법의 법제화 과정에서 주체적인 역할을 하면서 매체 기술의 진전에 따라 야기되는 여러 가지 문제점을 이해 당사자 집단의 견해와 국제 저작권 환경의 변화를 통해 점검하고, 합리적인 대응에 필요한 법제화 노력에 나서게 된다.

이러한 법제화에 있어서 보다 유리한 입장이 반영되도록 하기 위해 이해 당사자인 저작권자와 이용자들은 각각의 소속 단체를 중심으로 치열한 공방을 벌이게 되며, 보다 설득력 있는 논리를 개발, 법 제정 혹은 개정 공청회 등에 임하게 된다. 국제 저작권 환경의 변화는 사실 우리 입장의 반영이라기보다는 거의 일방적인 선진국의 합의에 따라 국제 무역 규범이라는 질서 속에서 우리가 수용하고 국내 저작권법에 반영하는 식으로 진행되고 있는 것이 현실이다.

일찍이 1960년대부터 "재화 경제가 지식 경제로 옮아가고 있고, 지식이 현

〈그림 1〉 저작권의 법제화에 영향을 미치는 제 요소의 관계도

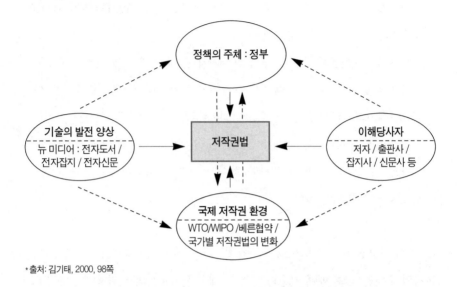

정책의 주체 : 정부

기술의 발전 양상
뉴 미디어 : 전자도서 /
전자잡지 / 전자신문

저작권법

이해당사자
저자 / 출판사 /
잡지사 / 신문사 등

국제 저작권 환경
WTO/WIPO /베른협약 /
국가별 저작권법의 변화

\* 출처: 김기태, 2000, 98쪽

대 경제의 기초가 되었다"는 주장이 제기되었거니와, "전통적으로 서양에서나 동양에서나 지식은 항상 어떤 존재하는 사물에 대해 적용되는 것으로 생각했으나 어느 순간 지식 그 자체가 자원이며 효용이 되기에 이르렀다. 과거에는 지식은 언제나 사유재산이었다. 그런데 어느 한순간에 공공재산이 되어버린 것이다. 다시 말해 지식은 지금 빠른 속도로 자본이나 노동과 나란히 새로운 하나의 생산 수단이 되고 있다"(피터 드러커, 이재규 역, 1993, 45~46쪽)라는 주장이 현실로 다가온 지 오래다.

한편, 한국 저작권법의 주요 목차를 살펴보면 다음과 같다.

한국 저작권법

[시행 2013.10.17.] [법률 제11903호, 2013.7.16., 일부개정]


제1장 총칙

제1조(목적) / 제2조(정의) / 제2조의2(저작권 보호에 관한 시책 수립 등) / 제3조
(외국인의 저작물)


제2장 저작권

제1절 저작물: 제4조(저작물의 예시 등) / 제5조(2차적저작물) / 제6조(편집저작물)
　　/ 제7조(보호받지 못하는 저작물)

제2절 저작자: 제8조(저작자 등의 추정) / 제9조(업무상저작물의 저작자) / 제10조
　　(저작권)

제3절 저작인격권: 제11조(공표권) / 제12조(성명표시권) / 제13조(동일성유지권)
　　/ 제14조(저작인격권의 일신전속성) / 제15조(공동저작물의 저작인격권)

제4절 저작재산권

제1관 저작재산권의 종류: 제16조(복제권) / 제17조(공연권) / 제18조(공중송신권)
　　/ 제19조(전시권) / 제20조(배포권) / 제21조(대여권) / 제22조(2차적저작물
　　작성권)

제2관 저작재산권의 제한: 제23조(재판절차 등에서의 복제) / 제24조(정치적 연설
　　등의 이용) / 제24조의2(공공저작물의 자유이용) / 제25조(학교교육 목적 등
　　에의 이용) / 제26조(시사보도를 위한 이용) / 제27조(시사적인 기사 및 논설
　　의 복제 등) / 제28조(공표된 저작물의 인용) / 제29조(영리를 목적으로 하지
　　아니하는 공연·방송) / 제30조(사적이용을 위한 복제) / 제31조(도서관 등에

서의 복제 등) / 제32조(시험문제로서의 복제) / 제33조(시각장애인 등을 위

한 복제 등) / 제33조의2(청각장애인 등을 위한 복제 등) / 제34조(방송사업자

의 일시적 녹음·녹화) / 제35조(미술저작물 등의 전시 또는 복제) / 제35조의

2(저작물 이용과정에서의 일시적 복제) / 제35조의3(저작물의 공정한 이용) /

제36조(번역 등에 의한 이용) / 제36조(번역 등에 의한 이용) / 제37조(출처의

명시) / 제37조의2(적용 제외) / 제38조(저작인격권과의 관계)

제3관 저작재산권의 보호기간: 제39조(보호기간의 원칙) / 제40조(무명 또는 이명

저작물의 보호기간) / 제41조(업무상저작물의 보호기간) / 제42조(영상저작

물의 보호기간) / 제43조(계속적간행물 등의 공표시기) / 제44조(보호기간의

기산)

제4관 저작재산권의 양도·행사·소멸: 제45조(저작재산권의 양도) / 제46조(저작

물의 이용허락) / 제47조(저작재산권을 목적으로 하는 질권의 행사 등) / 제48

조(공동저작물의 저작재산권의 행사) / 제49조(저작재산권의 소멸)

제5절 저작물 이용의 법정허락: 제50조(저작재산권자 불명인 저작물의 이용) / 제

51조(공표된 저작물의 방송) / 제52조(판매용 음반의 제작)

제6절 등록 및 인증: 제53조(저작권의 등록) / 제54조(권리변동 등의 등록·효력) / 제

55조(등록의 절차 등) / 제55조의2(비밀유지의무) / 제56조(권리자 등의 인증)

제7절 배타적발행권: 제57조(배타적발행권의 설정) / 제58조(배타적발행권자의 의

무) / 제58조의2(저작물의 수정증감) / 제59조(배타적발행권의 존속기간 등)

/ 제60조(배타적발행권의 소멸통고) / 제61조(배타적발행권 소멸 후의 복제

물의 배포) / 제62조(배타적발행권의 양도·제한 등)

제7절의2 출판에 관한 특례: 제63조(출판권의 설정) / 제63조의2(준용)

제3장 저작인접권

제1절 통칙: 제64조(보호받는 실연·음반·방송) / 제64조의2(실연자 등의 추정) / 제65조(저작권과의 관계)

제2절 실연자의 권리: 제66조(성명표시권) / 제67조(동일성유지권) / 제68조(실연자의 인격권의 일신전속성) / 제69조(복제권) / 제70조(배포권) / 제71조(대여권) / 제72조(공연권) / 제73조(방송권) / 제74조(전송권) / 제75조(방송사업자의 실연자에 대한 보상) / 제76조(디지털음성송신사업자의 실연자에 대한 보상) / 제76조의2(판매용 음반을 사용하여 공연하는 자의 실연자에 대한 보상) / 제77조(공동실연자)

제3절 음반제작자의 권리: 제78조(복제권) / 제79조(배포권) / 제80조(대여권) / 제81조(전송권) / 제82조(방송사업자의 음반제작자에 대한 보상) / 제83조(디지털음성송신사업자의 음반제작자에 대한 보상) / 제83조의2(판매용 음반을 사용하여 공연하는 자의 음반제작자에 대한 보상)

제4절 방송사업자의 권리: 제84조(복제권) / 제85조(동시중계방송권) / 제85조의2(공연권)

제5절 저작인접권의 보호기간: 제86조(보호기간)

제6절 저작인접권의 제한·양도·행사 등: 제87조(저작인접권의 제한) / 제88조(저작인접권의 양도·행사 등) / 제89조(실연·음반 및 방송이용의 법정허락) / 제90조(저작인접권의 등록)

제4장 데이터베이스제작자의 보호

제91조(보호받는 데이터베이스) / 제92조(적용 제외) / 제93조(데이터베이스제작자의 권리) / 제94조(데이터베이스제작자의 권리제한) / 제95조(보호기간) / 제

96조(데이터베이스제작자의 권리의 양도·행사 등) / 제97조(데이터베이스
이용의 법정허락) / 제98조(데이터베이스제작자의 권리의 등록)


제5장 영상저작물에 관한 특례

제99조(저작물의 영상화) / 제100조(영상저작물에 대한 권리) / 제101조(영상제작
자의 권리)

제5장의2 프로그램에 관한 특례

제101조의2(보호의 대상) / 제101조의3(프로그램의 저작재산권의 제한) / 제101조
의4(프로그램코드역분석) / 제101조의5(정당한 이용자에 의한 보존을 위한
복제 등) / 제101조의7(프로그램의 임치)


제6장 온라인서비스제공자의 책임 제한

제102조(온라인서비스제공자의 책임 제한) / 제103조(복제·전송의 중단) / 제103
조의2(온라인서비스제공자에 대한 법원 명령의 범위) / 제103조의3(복제·
전송자에 관한 정보 제공의 청구) / 제104조(특수한 유형의 온라인서비스제
공자의 의무 등)

제6장의2 기술적 보호조치의 무력화 금지 등

제104조의2(기술적 보호조치의 무력화 금지) / 제104조의3(권리관리정보의 제거·
변경 등의 금지) / 제104조의4(암호화된 방송 신호의 무력화 등의 금지) /
제104조의5(라벨 위조 등의 금지) / 제104조의6(영상저작물 녹화 등의 금
지) / 제104조의7(방송전 신호의 송신 금지) / 제104조의8(침해의 정지·예
방 청구 등)

제7장 저작권위탁관리업

제105조(저작권위탁관리업의 허가 등) / 제106조(저작권신탁관리업자의 의무) / 제
107조(서류열람의 청구) / 제108조(감독) / 제109조(허가의 취소 등) / 제
110조(청문) / 제111조(과징금 처분)


제8장 한국저작권위원회

제112조(한국저작권위원회의 설립) / 제112조의2(위원회의 구성) / 제113조(업무)
/ 제113조의2(알선) / 제114조(조정부) / 제114조의2(조정의 신청 등) / 제
115조(비공개) / 제116조(진술의 원용 제한) / 제117조(조정의 성립) / 제
118조(조정비용 등) / 제119조(감정) / 제120조(저작권정보센터)


제9장 권리의 침해에 대한 구제

제123조(침해의 정지 등 청구) / 제124조(침해로 보는 행위) / 제125조(손해배상의
청구) / 제125조의2(법정손해배상의 청구) / 제126조(손해액의 인정) / 제
127조(명예회복 등의 청구) / 제128조(저작자의 사망 후 인격적 이익의 보
호) / 제129조(공동저작물의 권리침해) / 제129조의2(정보의 제공) / 제129
조의3(비밀유지명령) / 제129조의4(비밀유지명령의 취소) / 제129조의
5(소송기록 열람 등 신청의 통지 등)


제10장 보칙

제130조(권한의 위임 및 위탁) / 제131조(벌칙 적용에서의 공무원 의제) / 제132조
(수수료) / 제133조(불법 복제물의 수거·폐기 및 삭제) / 제133조의2(정보
통신망을 통한 불법복제물등의 삭제명령 등) / 제133조의3(시정권고 등) /

제134조(건전한 저작물 이용 환경 조성 사업) / 제135조(저작재산권 등의 기증)

제11장 벌칙

제136조(벌칙) / 제137조(벌칙) / 제138조(벌칙) / 제139조(몰수) / 제140조(고소) / 제141조(양벌규정) / 제142조(과태료)

부칙

## 3) 현재와 미래

1957년 1월 28일 자로 시행된 한국 저작권법(법률 제432호)은 전문(全文) 75개 조에 불과했던 데 비하여 1987년 7월 1일 자로 전부개정되어 시행되기 시작한 저작권법(법률 제3916호)에 이르면 103개 조로 늘어나고, 2007년 6월 29일부터 시행되면서 다시 한 번 전부개정된 저작권법(법률 제8101호)에 이르면 제142조까지 대폭 늘어났다. 이 같은 양상은 컴퓨터프로그램보호법과 통합되어 2009년 7월 23일부터 시행된 개정저작권법(법률 제9625호)과 한·미 FTA 비준에 따른 이행 법안으로서 개정되어 2012년 3월 15일부터 시행된 개정저작권법(법률 제11110호)에도 그대로 유지되고 있다.

이처럼 한국 저작권법은 1987년 제1차 전부개정 발효 이래 2007년 또 한 번의 전부개정을 거치는 등 모두 20차에 걸친 개정 끝에 현행 저작권법에 이르게 되었다. 특히 2011년에는 6월 개정에 이어 12월에 또 개정법이 발효되었는데, 이는 유럽연합(EU) 및 미국과의 자유무역협정(FTA)이 연달아 비준됨에 따라 불가피한 조치였다.

먼저 '대한민국과 유럽연합 간의 자유무역협정'(한·EU FTA)이 국회의 동의를 얻어 비준됨에 따라 동 협정의 국내 이행을 위해 2011년 6월 개정된 저작권법의 주요 내용을 살펴보면 다음과 같다.

- 저작권 보호기간을 저작자 사후 50년에서 70년으로 연장하고, 저작인접권자인 실연자·음반제작자 및 방송사업자의 권리추정 규정을 신설하였다.
- 공중의 접근이 가능한 장소에서 방송의 시청과 관련하여 입장료를 받는 경우에 한해 방송사업자의 공연권을 인정하고, 이용통제 기술적 보호 조치에 더하여 접근통제 기술적 보호 조치를 도입하였다.
- 현행법에서 권리 침해 행위로 간주되고 있는 기술적 보호 조치 무력화 행위를 금지 행위로 규정하되, 암호 연구, 미성년 보호, 국가의 법 집행을 위해 필요한 경우 등 기술적 보호 조치 무력화 행위 금지의 예외가 허용될 수 있도록 하였다.
- 온라인서비스제공자를 단순도관, 캐싱, 호스팅, 정보검색의 네 가지 유형으로 나누고, 각 유형별 면책 요건을 규정하였다.
- 개정안은 '대한민국과 유럽연합 간의 자유무역협정'의 국내 이행법률로 동 협정이 효력을 발생하는 날부터 시행하되, 저작권 보호 기간의 연장은 사회에 미치는 영향을 최소화하기 위해 발효 후 2년이 되는 날부터 시행하기로 유예 기간을 설정하였다.

한편, '대한민국과 미합중국 간의 자유무역협정'(한·미 FTA)의 국내 이행을 위해 2011년 12월 개정된 저작권법의 주요 내용은 다음과 같다.

- 디지털 환경에서 저작권자의 권리를 균형 있게 보호하기 위하여 일시적 저장을

복제의 범위에 명시하고 이에 대한 예외를 규정하였다.

- 저작물의 공정한 이용 제도를 도입하여 저작물의 통상적인 이용 방법과 충돌하지 아니하고 저작자의 정당한 이익을 부당하게 해치지 아니하는 경우에는 저작재산권자의 허락을 받지 아니하고 저작물을 이용할 수 있도록 하고, 그 판단의 기준을 규정하였다.

- 출판권과 프로그램배타적발행권의 경우에만 인정되고 있는 배타적 권리를 모든 저작물 등의 발행 및 복제·전송에 설정할 수 있도록 하고, 배타적발행권 설정에서 출판권 설정을 제외하여 배타적발행권과 출판권의 관계를 명확히 하였다.

- 저작권자의 권리 침해를 방지하기 위하여 위조 라벨의 유통, 영화상영관 등에서 저작재산권자의 허락 없이 영상저작물을 녹화·공중송신하는 행위 및 방송 전 신호를 제3자에게 송신하는 행위 등 금지 행위를 규정하였다.

- 법정손해배상제도를 도입하여 실손해배상과 법정손해배상 중 하나를 선택적으로 청구할 수 있도록 하고, 법정손해배상 청구 요건으로 사전에 등록하도록 규정하였다.

- 저작인접권 보호의 공평성을 회복하고, 관련 국제 조약 규정을 충실하게 이행하기 위하여 1987년 7월 1일부터 1994년 6월 30일 사이에 발생한 저작인접권의 보호 기간을 발생한 때의 다음 해부터 기산하여 50년간 존속하도록 하였다.

이처럼 시대적 환경 변화에 민감하게 반응하면서 발전할 수밖에 없는 저작권법의 특성은 앞으로도 계속 개정에 개정을 거듭하면서 뉴 미디어와의 타협을 통해 새로운 도전과 응전을 반복할 것으로 보인다.

# 2. 중국 저작권 사상의 전개 양상과 전망

## 1) 군주제에서 사회주의로의 전환

중국에 있어 근대적 의미의 저작권 제도는 서양 문명의 영향을 받아 생긴 결과물이었다. 군주제가 무너지고 내분에 휩싸였을 당시 국민당이 실패한 주된 원인이 농촌과 농민 세력을 무시한 것에 있었다면 공산당이 집권한 후에는 농촌의 세력을 과시한 것이 오히려 중국 내 지식인들에게 많은 어려움을 만들어 준원인이 되었다.(李雨峰, 2006, 139쪽)

마오쩌둥(毛澤東)은 1942년 5월 "중국 인민해방사업이 성공하려면 무(武)와 문(文)의 두 가지 노선을 모두 중시해야 한다"는 관점을 발표했지만 실제적으로 지식인들에 대해서는 혁명에 대한 경계심을 한순간도 놓지 않았다.(李雨峰, 2006, 142쪽) 당시 공산당 내부에서 예술과 문화에 대한 논쟁이 있었는데, 같은 해에 마오쩌둥이 발표한 "연안 문예좌담회에서의 발언(在延安文藝座談會上的

마오쩌둥

講話)"을 통하여 이러한 논쟁의 종지부를 찍었다. 그는 "모든 문화, 혹은 예술은 일정한 계급이 소유한 것이며 일정한 정치 노선에 속한 것이다. 예술을 위한 예술, 계급을 넘는 예술, 그리고 정치와 병행, 혹은 비교적 독립적인 예술은 실제적으로 존재하지 않는다"고 말하였다. 또한 "문예는 정치에 속하며 반대로 정치에게도 많은 영향을 줄 수 있는 것이다"라는 말도 남겼다. 그리고 마지막으로 "예술가와 예술은 언제든지 공산당이 위임한 임무를 수행하여야 한다"는 의견을 제시하였다.(李雨峰, 2006, 143쪽)

　이 같은 정황을 통하여 당시의 지식인들에게 가하여진 저작과 창작에 대한 제한을 짐작할 수 있으며, 따라서 이러한 환경에서는 저작권 제도를 발전시키기가 매우 어려웠을 것으로 판단된다.

　한편, 1950년에 발표한 '발명권 및 특허에 대한 보호조례(保障發明權與專利權暫行條例)'는 중국 초기에 지식재산권을 보호하려는 노력의 이정표가 되었다. 이 법령은 구러시아(소련)의 법령을 토대로 삼아 만들어졌으며, 그 내용을 보면 발명자가 원하는 대로 자기가 직접 발명한 것의 발명권 및 특허를 신청할 수 있는데 이 중에서 국방과 관련한 발명 및 국민 복지를 급속 추진 가능한 발명 등에 대해서는 국가에서 발명증명서 및 그 보수만 발급하며 특허증명서는 발급하지 않는다는 것이 가장 큰 특징이었다.(李雨峰, 2006, 146쪽) 그리고 문예 창작 분야에 있어서는 1950년에 발표한 '출판작업의 개선 및 발전에 관한 결의(關於改進和發展出版工作的決議)'가 대표적인 법령이다. 이 법안은 신화서점 총관리처의 '서적보수임시방법초안(書籍稿酬暫行辦法草案)'의 내용을 토대로 작품의 성질, 품질, 글자 수, 그리고 인쇄 부수를 계산하여 보수 기준을 정하는 내용을 담고 있다.

　1955년 5월 2일, 마오쩌둥은 "백화제방(百花齊放), 백가쟁명(百家爭鳴)"[98]이란 구호를 발표하였다. 이에 따른 후속 조치로 문화부가 11개의 조약을 포함한 '출판물 저작권에 대한 보장 임시규정초안(保障出版物著作權暫行規定草案)'을 발표하였다. 이 법안 역시 소련의 '저작권기본조례(著作權基本條例)'와 기타 사회주의 국가의 법안을 바탕으로 만들어진 것이었다. 이는 문자저작 및 구두저

---

98) "온갖 꽃이 같이 피고 서로 다른 많은 학파들이 논쟁을 벌인다." 곧, 누구든지 자기 의견을 피력할 수 있다는 뜻으로 쓰인 중국의 정치 구호.

작, 번역, 악보, 예술그림, 과학도표 그리고 지도 등의 저작권에 대한 규정을 담고 있었다.(李雨峰, 2006, 149쪽) 따라서 이 법안은 중국에서 최초로 저작권법 형식을 띤 것이었다. 예전의 법안과 달리 개인의 권리에 대한 원칙을 확립하여 작품의 이해, 저작권의 양도, 그리고 불법 복제 상황에 따른 피해자에 대한 규정 등을 모두 과학적으로 설명하고 있었다. 그러나 이 법안은 대약진(大躍進) 운동 때문에 실시하지 못하고 말았다. 이어서 1963년 중국 국무원에서 '발명권 및 특허에 대한 보호조례'를 폐지하는 명령을 내렸고, 1957년 문화부에서 만든 '출판물저작권보호임시조례' 또한 출시되기 전에 폐지되었다.(李雨峰, 2006, 150~151쪽)

1966년 '문화대혁명(文化大革命)'[99]이 일어났는데, 이 기간은 중국의 지식계

문화대혁명

---

99) 1966년부터 1976년까지 10년간 중국의 최고지도자 마오쩌둥에 의해 주도된 극좌 사회주의 운동. 사회주의에서 계급 투쟁을 강조하는 대중 운동이었으며, 그 힘을 빌려 중국공산당 내부의 반대파들을 제거하기 위한 권력 투쟁이었다. 농업 국가인 중국에서 과도한 중공업 정책을 펼쳐 국민 경제가 좌초되는 실패를 가져왔고 민생 경제를 회복하기 위해 자본주의 정책의 일부를 채용한 정책이 실효를 거두면서 류사오치(劉少奇, 유소기)와 덩샤오핑이 새로운 권력의 실세로 떠오르기 시작했다. 권력의 위기를 느낀 마오쩌둥은 부르주아 세력의 타파와 자본주의 타도를 외치면서 이를 위해 청소년이 나서야 한다고 주장했다. 전국 각지마다 청소년으로 구성된 홍위병이 조직되었고 마오쩌둥의 지시에 따라 전국을 휩쓸어 중국은 일시에 경직된 사회로 전락하게 되었다. 마오쩌둥에 반대되는 세력은 모두 실각되거나 숙청되었고 마오쩌둥 사망 후 중국공산당은 문화대혁명에 대해 '극좌적 오류'였다는 공식적 평가와 함께 문화대혁명의 광기는 급속히 소멸되었다. 출처: 네이버 지식백과(두산백과).

100) 4舊: 구사상, 구문화, 구풍속. 구습관 등을 일컫는 말.

와 지식인들에게는 그야말로 악몽의 시기였다. 이 혁명의 목적은 '4구(舊)[100]'를 없애버리는 것이었는데, 이러한 문화대혁명 때문에 중국의 정치, 경제, 그리고 문예까지 모두 혼란스러운 처지에 놓이게 되었다. 지식인에 대한 이유 없는 탄압은 다음과 같은 당시의 구호를 통하여 알 수 있다. "철강제조 노동자들은 자기가 만든 철강에 자기의 이름을 쓸 필요가 있는가? 없다면 왜 지식인이 자신의 작품에 자기의 이름을 쓸 수 있는 권리가 있어야 하는가?"(李雨峰, 2006, 157쪽) 이는 당시 저작권에 대한 일반인들의 인식이 고스란히 포함된 표현이기도 하였다. 이 문화대혁명이 진행된 10년 동안 중국의 문화 발전은 물론 저작권 보호 제도의 발전은 당연히 지연될 수밖에 없었다.

1975년, 당시 저우언라이(周恩來, 주은래) 총리의 병세가 위중해짐에 따라 덩샤오핑(鄧小平, 등소평)이 다시 중국의 정치 무대에 서게 되는데, 이에 따라 중국 경제 및 문화의 개혁이 다시 관심사로 떠올랐다. 하지만 이렇다 할 성과를 얻지는 못하였다. 1977년에 이르러 중국과 미국의 외교 관계 발전에 따라 기술 영역에 대한 합작이 많이 이루어졌다. 그리하여 1979년 미국과 중국은 워싱턴과 베이징에서 '미·중무역협정' 등을 체결하였는데 제6조에서 '지식재산권보호조례'가 들어 있었다. 당시 중국 국내법에는 지식재산권에 대한 구체적인 법

덩샤오핑

저우언라이

안이 없었던 시기였다. 이에 따라 1980년 중국 문화부에서 '서적보수에 관한 임시규정(關於書籍稿酬的暫行規定)'을 공포하고, 1984년 3월 12일 열린 제6회 중국 전국인민회의에서 '중화인민공화국특허법(中國人民共和國專利法)'에 대한 심의가 통과하여 다음 해 1월 19일에 중국 특허국에서 '중화인민공화국특허법실시규칙(中國人民共和國專利法實施細則)'을 발표하기에 이르렀다. (李雨峰, 2006, 165쪽)

그리고 문화부에서 1980년에 발표한 '서적보수의 임시규정(關於書籍報酬的暫時規定)'에 대하여 수정을 거쳐 '서적보수시행방법(書籍稿酬試行規定)', '도서·간행물보호시행조례실시규칙(圖書·期刊保護試行條例實施細則)', '미술출판물보수기준(美術出版物稿酬標準)' 등을 발표한 다음 1984년에 '도서·간행물판권보호시행조례(圖書·期刊版權保護試行條例)' 등을 발표하였다. 그러나 이론상으로 따지면 1987년 1월 1일에 시행한 '민법통칙(民法通則)'은 중국에서 실제로 저작자에 대한 법률을 입법하게 된 이정표였다. (李雨峰, 2006, 165~166쪽)

## 2) 중화인민공화국 저작권법의 주요 내용

앞서 살핀 것처럼, 중국의 첫 번째 저작권법 '대청저작권률'은 1910년 공포되었다. 1915년 중국 베이양 정부(北洋政府)는 두 번째 저작권법을 발효시켰다. 1928년 중화민국 정부는 세 번째 저작권법을 공포하였고, 이 법률은 중국에서 1949년 10월까지 유지되었다. 1949년 10월 1일, 중화인민공화국이 성립된 후 중국 대륙 지역에서 옛 정부의 모든 법률이 폐기되었고, 저작권법도 그 효력을 상실하였다. 다만 이 법률은 타이완 지역에서는 아직까지 실시되고 있다. 홍콩에서는 1949년부터 1997년 말까지 영국 저작권법을 사용하였다.

그로부터 40년이 흐른 1990년 9월, 중국은 다시 새로운 저작권법인 중화인민공화국 저작권법을 발효시켰다. 이 법은 1991년 6월 1일부터 실시되고 있다. 중국은 또한 1980년 세계지식재산권기구(WIPO)에 가입하였다. 1992년 10월에는 베른협약에도 가입하였으며, 2001년 12월 11일에는 세계무역기구(WTO)에 가입함으로써 WTO 지식재산권협정(TRIPs)이 중국에서 발효되기도 하였다.

또한 중국에서는 매년 출판되는 신간 도서 중 외국 번역서가 이미 10퍼센트 이상이고, 일반 도서보다 훨씬 비싼 번역서가 수백만 부씩 팔리는 현상도 나타나고 있다. 하지만 여전히 중국의 불법 복제 상황은 개선되지 않고 있으므로 정부 중심의 저작권 보호에 관한 정책 수립과 단속을 위한 지속적인 노력이 필요한 것으로 보인다.

현재 시행되고 있는 중국 저작권법(중화인민공화국주석령 제26호) 제1조에서는 "문학·예술과 과학작품 작가의 저작권 및 저작권과 관련된 권익을 보호하고, 사회주의 정신문명·물질문명 건설에 유익한 작품의 창작과 전파를 고무하고, 사회주의 문화와 과학사업의 발전과 번영을 촉진하기 위하여, 헌법에 근거하여 이 법을 제정한다"고 선언하고 있다. 또 제2조에서는 이 법의 적용 범위에 대하여 다음과 같이 규정하고 있다.

중국 국민·법인 혹은 기타 조직의 작품은 발표 여부를 막론하고 이 법에 의거하여 저작권을 갖는다.

외국인·무국적자의 작품은 그 작자의 소속 국가 혹은 항상 거주하는 국가가 중국과 체결한 협정 혹은 함께 참여한 국제 조약에 근거하여 저작권을 가지며, 이 법의 보호를 받는다. 외국인·무국적자의 작품이 중국 내에서 최초로 출판된 것이라면, 이 법에 의거하여 저작권을 갖는다.

국제 조약을 중국과 체결하지 않았거나 공동으로 참여하지 않은 국가의 저작자 및 무국적자의 작품이, 중국이 참여한 국제 조약의 체약국에서 맨 처음 출판된 것이

거나 체약국과 비체약국에서 동시에 출판된 것이라면, 이 법의 보호를 받는다.

아울러 보호받는 저작물의 범위에 대하여 "문자작품, 구술작품, 음악·연극·곡예·무용·잡기 예술작품, 미술·건축 작품, 촬영작품, 영화작품 및 영화촬영과 유사한 방법으로 창작된 작품, 공학설계도·생산품설계도·지도·안내도 등 도형작품과 모형작품, 컴퓨터 소프트웨어, 법률·행정 법규에서 규정하는 기타 작품" 등으로 나누어 규정하고 있다. 이 같은 중국 저작권법의 주요 내용을 살펴보면 다음과 같다.(권호 역, 2014 참조)

중화인민공화국 저작권법
[중화인민공화국주석령 제26호, 2010.2.26.]

제1장 총칙
제1조(입법 목적) / 제2조(적용 범위) / 제3조(작품의 범위) / 제4조(의법행사 저작권) / 제5조(저작권법 보호를 적용하지 않는 대상) / 제6조(민간예술작품의 저작권 보호) / 제7조(저작권 관리기구) / 제8조(저작권 단체관리조직)

제2장 저작권
제1절 저작권자와 그 권리: 제9조(저작권자의 범위) / 제10조(저작권의 내용)
제2절 저작권의 귀속: 제11조(저작권 귀속의 일반원칙) / 제12조(변형작품의 저작권 귀속) / 제13조(합작작품의 저작권 귀속) / 제14조(총합작품의 저작권 귀속) / 제15조(영화작품의 저작권 귀속) / 제16조(직무상 작품의 저작권 귀속) / 제17조(위탁작품의 저작권 귀속) / 제18조(미술작품의 저작권 귀속) / 제19

조(저작권의 승계)

제3절 보호기간: 제20조(서명권·수정권 작품완전보호권의 보호기한) / 제21조(발
표권·재산권의 보호기한)

제4절 권리의 제한: 제22조(합리적 사용) / 제23조(특정 교과서의 법정허가)


## 제3장 저작권의 이용허락과 양도계약

제24조(저작권의 이용허락계약) / 제25조(저작권 양도계약) / 제26조(저작권의 담
보 제공) / 제27조(저작권 이용허락과 양도계약 중의 명확하지 않은 권리) /
제28조(저작권 이용비용의 지불) / 제29조(타인 저작권의 이용권을 취득한
자의 권리 제한)


## 제4장 출판, 공연, 녹음·녹화, 방송

제1절 도서·신문의 출판: 제30조(출판계약) / 제31조(독점출판권) / 제32조(출판
자와 저작권자의 의무) / 제33조(신문사, 정기간행물출판사의 권리와 의무) /
제34조(도서출판자, 신문사, 정기간행물출판사의 작품에 대한 수정권) / 제35
조(변형작품 출판의 의무) / 제36조(판식설계의 독점이용권)

제2절 공연: 제37조(공연자의 의무) / 제38조(공연자의 권리) / 제39조(공연권의 보
호기한)

제3절 녹음·녹화: 제40조, 제41조(녹음·녹화 제작자의 의무) / 제42조(녹음·녹화
제작자의 권리)

제4절 라디오방송국·텔레비전방송국의 방송: 제43조(라디오방송국·텔레비전방
송국의 저작권자에 대한 의무) / 제44조(이미 출판한 녹음제품을 방송할 때의
의무) / 제45조(라디오방송국·텔레비전방송국의 권리) / 제46조(텔레비전방

송국이 타인의 영화작품 방영시의 의무)

제5장 법률적 책임과 법 집행 조치

제47조(민사책임을 져야 하는 권리침해 행위) / 제48조(민사책임·형사책임 및 형사

책임을 져야 하는 권리침해 행위) / 제49조(배상 기준) / 제50조(소송 전 금지

령) / 제51조(소송 전 증거보전) / 제52조(인민법원의 권리침해 행위에 대한

민사 제재) / 제53조(복제품의 권리침해에 관한 과오 추정) / 제54조(위약 책

임) / 제55조(저작권 분쟁의 해결) / 제56조(행정처벌 불복에 대한 구제)

제6장 부칙

제57조(저작권과 판권의 관계) / 제58조(출판의 의미) / 제59조(컴퓨터 소프트웨어,

정보의 네트워크 전파권의 보호) / 제60조(소급력) / 제61조(시행 일시)

　

이처럼 중국 저작권법은 저작자 및 저작권자가 자기 저작물에 구현된 독점
적 권리를 보호받기 위한 법률 규범의 총체이다. 그 법률 관계는 저작물 창작과
동시에 생겨나고, 저작자와 유통자, 저작자와 이용자, 유통자와 이용자, 저작자
와 공중(公衆) 사이에서 발생한다.

## 3) 현재와 미래

1990년 9월 7일 반포된 현대적 의미의 저작권법은 1991년 6월 1일부터 시행되
었다. 이 법의 시행은 중국의 저작권 제도가 최초로 정립되었음을 뜻하는 상징
적인 사건이었다. 이후 중국의 다방면에 걸친 변혁과 국제 정세의 변화에 따라

중국 정부의 개혁개방 정책이 속도를 내게 되었고, 그 결과 세계무역기구(WTO)에 가입하는 등 대내외적 환경 변화를 겪지 않을 수 없었다.

그리하여 중국 저작권법 또한 개정 과정을 겪게 되었는데, 먼저 2001년 10월 27일 제9회 전국인민대표대회 상무위원회 제2차 회의에서 '중국인민공화국저작권법 수정에 관한 결정'을 통과시킨 바 있다. 2010년 2월 26일 제11회 전국인민대표대회 상무위원회 제13차 회의에서도 저작권법 수정안을 통과시켰다. 하지만 여전히 급변하는 저작물 이용 환경을 온전히 담아내기에는 부족한 것으로 보인다. 특히 디지털 기술을 활용한 최첨단 매체의 등장 및 이를 통한 저작물의 유통에 대처할 만한 규정들이 보완되어야 할 것으로 보인다. 아울러 제6장 부칙 제57조에서는 '저작권과 판권의 관계'에 대하여 "이 법에서 말하는 저작권은 즉 판권이다"라고 명시하고 있는데, 이는 후쿠자와 유키치의 사례에서 살핀 것처럼 매우 전근대적인 표현이 아닐 수 없다.

한편, 중국에서도 저작권 보호 강도가 높아지고 저작권자의 권리가 신장될수록 이를 둘러싼 또 다른 폐해도 감지되고 있다. 이에 대하여 저작권법의 발전 추세에 비추어 볼 때 저작권은 국가의 경제 발전 수준과 일치해야 하며, 국가적 차원에서 민주 정치의 수립과 발전을 위하여 그 특유의 기능을 발휘해야 한다는 점, 따라서 저작권이 일종의 특권으로 발전해서는 안 된다는 견해(李雨峰, 2006)에 동의하지 않을 수 없다.

결국 중국 저작권법 및 관련 제도는 아직까지 시대적 변화에 완전히 적응하지 못하고 있는 것으로 판단된다. 아울러 자국의 저작권 보호 못지않게 외국 저작자 및 저작권 보호에 대한 정책 수립과 실천 또한 필요하다. 따라서 불법 복제에 대한 적극적인 대처와 함께 자본주의적 제도로서의 저작권에 대한 연구와 정책 수립, 그리고 적용에 대한 정부와 사회, 개인의 실천 의지가 반드시 뒤따라야 할 것이다.

## 3. 일본 저작권 사상의 전개 양상과 전망

### 1) '후쿠자와 유키치'와 일본 저작권 제도

많은 저작물을 통해 막부 말기부터 메이지 시대까지의 일본인에게 해외의 문물 제도를 알리고 일본 근대화에 앞장선 '후쿠자와 유키치'의 공적은 매우 큰 것이었다. 특히 저작권 계몽 운동은 스스로의 저작물을 지키기 위하여 시작한 것이기는 하였지만, 그것은 이후 일본의 저작권 법제 확립으로 이어지는 중요한 계기가 되었다. 이러한 후쿠자와의 저작권 보호 활동은 1868년 4월 10일 《중외신문》(제12호)에 게재한 다음과 같은 내용의 광고에서부터 시작되었다고 알려져 있다.(저작권법100년사편찬위원회 편, 2000, 48쪽)

후쿠자와 유키치의 『장판서양여안내(蔵版西洋旅案内)』를 중판(重板)[101]하여 『서양사정후편(西洋事情後編)』이라 이름 지어 파는 자가 있으므로 그 이름과 주소를 아는 사람은 즉시 알려 주었으면 한다. 중판은 만국 보편의 금지 행위임에도 불구하고 이러한 금칙을 범하는 자가 적지 않으므로 메이지유신을 통해 제도가 일변하는 요즘 부디 관련 법률을 엄정히 정하였으면 하는 것이 국내 저술가들의 바람이다.

그리고 후쿠자와 유키치는 그해 메이지 원년(1868) 10월 "번역서 중판에 대한 청원서"를 메이지 신정부에 제출하였다. 이 청원서에서 후쿠자와 유키치는 다음과 같이 서술하고 있다.(저작권법100년사편찬위원회 편, 2000, 48~49쪽)

---

101) 여기서 '중판(重板)'이란 다른 서점(출판사)이 낸 출판물과 같은 내용의 출판물을 만들어 몰래 출판하는 것, 즉 '무단 복제'를 뜻한다.

나는 수년간 서양학에 종사하여 번역서를 수편 발매했으나 올봄 이래 교토와 오사카 지방에서 발매한 서적의 과반수가 중판되어 팔리고 있음을 알고 조사해 보니 원본과 아무런 차이도 없었다. 중판은 이전부터 금지되어 있었음에도 올봄부터 세상이 변함에 따라 국법을 가벼이 여기고 있으므로 이것이 도리에 어긋난 일임은 말할 것도 없으며, 이에 출판은 난항을 겪고 서류의 손해가 막심하니 우리들에게는 실로 일대 재난과도 같다. 교토와 오사카에서 위판 출판업자의 설을 듣자 하니 변명이 두 가지 있어 이를 아래에서 해명하고자 한다.

첫 번째, "관동 지역의 번역서는 유용한 물건이 많아 그 서적을 교토와 오사카에 퍼뜨리기 위해 무단으로 중판하여 세간에 퍼뜨렸다"고 하였다. 이는 전혀 사실무근한 말로 도쿄의 서림과 교토, 오사카의 서림에서는 연내 거래를 통해 필요한 서적이 있으면 주문서를 넣어 날을 정하여 물품을 보내어 쌍방의 물품을 퍼뜨려야 하는데, 세상의 형세에 무슨 변동이 있을지라도 사람 간의 상도에 지장은 없었을 것이다.

두 번째, "번역서가 많이 출판되고 있지만 가격이 너무 비싸다. 이 책을 다시 번각할 때에는 원가의 20~40퍼센트는 절감하여 팔아야 할 것이며 우리는 염가에 양서를 파는 것이 대중을 위한 일이라 생각한다"고 하였다. 이에 대하여서는 자칫하면 여러 사군자(士君子)도 옳은 일이라 속아 넘어갈 수 있겠지만 이는 흔히 말하는 사이비로 하나만 알고 둘을 모르는 것과 같다. 세상의 사물 중 우리가 노력하지 않고 공을 이룰 수 있는 이치는 없다. 공이 있음에도 보수를 얻지 못하는 이치 또한 없다. 번역 일의 난이도와 질의 차이는 번역자의 재능에 따른다고는 하지만, 수년간 독서의 근로를 쌓고 천신만고하며 서양 서적의 의의를 해독하여 처음으로 펜을 들고 이것을 번역하는 데 이르러 번역과 교정을 반복하니, 한 글자 한 문장도 그 번역자의 괴로움과 고생의 결실이다. 초고의 글 자체가 올바르길 바라고 제본 시의 종이가 아름답기를 바라면서 그 마음과 힘을 쏟는 것은 다른 사람은 도무지 이해할 수 없는 영역이다. 이것을 그 위판업자가 기성품을 뜯어 장마다 판목으로 옮겨 찍어 며칠 사이에 한 사람의 공로를 훔치고, 보기 괴로운 조잡한 책을 만드는 것과 비교한다면 그 쉽고 편안한 것과 어렵고 수고로운 것을 말할 수 없을 것이다. 〈중략〉

그러므로 교토와 오사카의 간교한 상인들은 자신의 이익을 탐하여 천하 문명에의 해악을 고려하지 않고 사실무근의 망설을 퍼뜨려 세상 사람들을 속이고, 위판을 공적으로 팔아 자신은 편하게 남의 노동을 거저먹으니, 스스로가 무지하여 사람의 지식을 훔치는 데 있어 염치라고는 찾아볼 수 없으니 전 세계 중 메이지 정부 아래에서는 행해지지 말아야 할 거동이라 생각한다.

(원출처: 『후쿠자와 유키치 전집(福澤諭吉全集)』 별권, 113~117항)


그리고 『서양사정(西洋事情)』, 『서양여안내(西洋旅案內)』, 『조약십일국기(条約十一国記)』, 『와해증보서양사정(和解增補西洋事情)』, 『서양각국사정(西洋各国事情)』 등이 "올봄 이래 교토와 오사카 지방에서 생겨난 위판"이므로 "엄중히 조사한 뒤 판목 몰수는 물론 중판을 팔아 지금까지 얻은 이익은 부정한 것이니 그 판매 부수에 따라 소득 이윤을 거두어 나에게 부여하도록 하였으면 한다"고 요청하고 있다.

하지만 결과적으로 일본에 있어 저작권 제도가 법률로서 정비된 것은 자생적인 저작권 사상에 의해서가 아니라 외세의 압력 때문이었다. 이미 살핀 것처럼, 메이지 정부는 서양 열강의 압력에 의한 불평등 조약을 시정하기 위하여 그 전제가 되는 근대적 법치 국가의 형태를 다지는 과정에서 1889년 '대일본제국헌법'을 비롯하여 1898년 민법 및 상법을 제정하는 등 법전 정비를 서둘렀고, 그 일환으로 저작권법도 1899년에 제정하였던 것이다. 곧 저작권법을 제정한 일이라든가, 베른협약에 가입한 일 등은 모두 일본인들이 자각하여 저작권 사상을 보급한 결과라고 보기는 어려운 것으로 판단된다.

## 2) 일본 저작권법의 주요 내용

일본의 지식재산 관련 법률로는 인간의 사상 또는 감정의 창작적 표현을 보호하는 저작권법, 산업 정책적 견지로부터 기술적 사상이나 미적 사상의 창작 등을 보호하는 산업재산권법(특허법, 실용신안법, 의장법, 상표법), 반도체집적회로의 회로배치에 관한 법률, 종묘법, 부정경쟁방지법 등이 있다.

그중 저작권법에 의하여 보호되는 권리는 저작자의 권리(저작권)와 저작인접권으로 나뉜다. 또한 저작권은 저작인격권과 저작재산권으로 나뉜다. 저작인격권은 일신전속적이며 양도할 수 없지만 저작재산권은 양도 또는 상속이 가능하다. 저작권은 창작을 행한 때, 저작인접권은 실연 등을 행한 때에 발생한다. 저작자의 권리 보호 기간은 원칙적으로 창작한 때부터 저작자 사후 50년까지이며, 저작인접권의 보호 기간은 실연 등을 행한 때부터 50년 동안이다.

현행 일본 저작권법 제1조에서는 법의 제정 목적에 대하여 "이 법률은 저작물 및 실연·음반·방송 및 유선방송에 관하여 저작자의 권리와 이에 인접하는 권리를 정하고, 이들 문화적 소산의 공정한 이용에 유의하면서 저작자 등의 권리 보호를 도모함으로써 문화의 발전에 기여하는 것을 목적으로 한다"고 규정하고 있다. 그 밖에 일본 저작권법의 주요 내용을 살펴보면 다음과 같다.(한국저작권위원회 2010년 번역본 참조)

일본 저작권법

[2009년 법률 제73호]


## 제1장 총칙

1절 통칙: 제1조(목적) / 제2조(정의) / 제3조(저작물의 발행) / 제4조(저작물의 공

표) / 제4조의2(음반의 발행) / 제5조(조약의 효력)

2절 적용 범위: 제6조(보호받는 저작물) / 제7조(보호받는 실연) / 제8조(보호받는

음반) / 제9조(보호받는 방송) / 제9조의2(보호받는 유선방송)


## 제2장 저작자의 권리

1절 저작물: 제10조(저작물의 예시) / 제11조(2차적저작물) / 제12조(편집저작물) /

제13조(권리의 목적이 되지 아니하는 저작물)

2절 저작자: 제14조(저작자의 추정) / 제15조(직무상 작성하는 저작물의 저작자) /

제16조(영화저작물의 저작자)

3절 권리의 내용

제1관 총칙: 제17조(저작자의 권리)

제2관 저작인격권: 제18조(공표권) / 제19조(성명표시권) / 제20조(동일성유지권)

제3관 저작권에 포함되는 권리의 종류: 제21조(복제권) / 제22조(상연권 및 연주권)

/ 제22조의2(상영권) / 제23조(공중송신권 등) / 제24조(구술권) / 제25조(전

시권) / 제26조(배포권) / 제26조의2(양도권) / 제26조의3(대여권) / 제27조

(번역권, 번안권 등) / 제28조(2차적저작물의 이용에 관한 원저작자의 권리)

제4관 영화저작물의 저작권의 귀속(제29조)

제5관 저작권의 제한: 제30조(사적사용을 위한 복제) / 제31조(도서관 등에서의 복

제) / 제32조(인용) / 제33조(교과용 도서 등에의 게재) / 제33조의2(교과용

확대도서 등의 작성을 위한 복제 등) / 제34조(학교교육 프로그램의 방송 등) /

제35조(학교 기타의 교육기관에 있어서의 복제 등) / 제36조(시험문제로서의

복제 등) / 제37조(시각장애자 등을 위한 복제 등) / 제37조의2(청각장애자 등

을 위한 복제 등) / 제38조(영리를 목적으로 하지 아니하는 상연 등) / 제39조

(시사문제에 관한 논설의 전재 등) / 제40조(정치적인 연설 등의 이용) / 제41

조(시사사건의 보도를 위한 이용) / 제42조(재판절차 등에 있어서의 복제) / 제

42조의2(행정기관정보공개법 등에 의한 개시를 위한 이용) / 제42조의3(국립

국회도서관법에 의한 인터넷 자료의 수집을 위한 복제) / 제43조(번역, 번안 등

에 의한 이용) / 제44조(방송사업자 등에 의한 일시적 고정) / 제45조(미술저작

물 등의 원작품의 소유자에 의한 전시) / 제46조(공개의 미술저작물 등의 이용)

/ 제47조(미술저작물 등의 전시에 수반하는 복제) / 제47조의2(미술저작물 등

의 양도 등의 신청에 수반하는 복제 등) / 제47조의3(프로그램저작물의 복제물

의 소유자에 의한 복제 등) / 제47조의4(보수, 수리 등을 위한 일시적 복제) /

제47조의5(송신의 장해방지 등을 위한 복제) / 제47조의6(송신가능화된 정보

의 송신원 식별부호의 검색 등을 위한 복제 등) / 제47조의7(정보해석을 위한

복제 등) / 제47조의8(전자계산기에 있어서의 저작물의 이용에 수반하는 복제)

/ 제47조의9(복제권 제한에 의하여 작성된 복제물의 양도) / 제48조(출처의 명

시) / 제49조(복제물의 목적외 사용 등) / 제50조(저작인격권과의 관계)

4절 보호기간: 제51조(보호기간의 원칙) / 제52조(무명 또는 변명저작물의 보호기

간) / 제53조(단체명의저작물의 보호기간) / 제54조(영화저작물의 보호기간) /

제56조(계속적 간행물 등의 공표시기) / 제57조(보호기간의 계산방법) / 제58조

(보호기간의 특례)

2절 실연자의 권리: 제90조의2(성명표시권) / 제90조의3(동일성유지권) / 제91조
(녹음권 및 녹화권) / 제92조(방송권 및 유선방송권) / 제92조의2(송신가능화
권) / 제93조(방송을 위한 고정) / 제94조(방송을 위한 고정물 등에 의한 방송) /
제94조의2(방송되는 실연의 유선방송) / 제95조(상업용 음반의 2차사용) / 제
95조의2(양도권) / 제95조의3(대여권 등)

3절 음반제작자의 권리: 제96조(복제권) / 제96조의2(송신가능화권) / 제97조(상
업용 음반의 2차사용) / 제97조의2(양도권) / 제97조의3(대여권 등)

4절 방송사업자의 권리: 제98조(복제권) / 제99조의2(송신가능화권) / 제100조(텔
레비전방송의 전달권)

5절 유선방송사업자의 권리: 제100조의2(복제권) / 제100조의3(방송권 및 재유선
방송권) / 제100조의4(송신가능화권) / 제100조의5(유선텔레비전방송의 전달
권)

6절 보호기간 : 제101조(실연, 음반, 방송 또는 유선방송의 보호기간)

7절 실연자인격권의 일신전속성 등 : 제101조의2(실연자인격권의 일신전속성) /
제101조의3(실연자의 사후에 있어서의 인격적 이익의 보호)

8절 권리의 제한, 양도 및 행사 등과 등록 : 제102조(저작인접권의 제한) / 제102조
의2(실연자인격권과의 관계) / 제103조(저작인접권의 양도, 행사 등) / 제104조
(저작인접권의 등록)


제5장 사적녹음·녹화보상금

제104조의2(사적녹음녹화보상금을 받을 권리의 행사) / 제104조의3(지정의 기준) /
제104조의4(사적녹음녹화보상금 지불의 특례) / 제104조의5(제조업자 등의
협력의무) / 제104조의6(사적녹음녹화보상금의 액) / 제104조의7(보상금 관

계업무의 집행에 관한 규정) / 제104조의8(저작권 등의 보호에 관한 사업 등을 위한 지출) / 제104조의9(보고의 징수 등) / 제104조의10(정령에의 위임)

제6장 분쟁처리

제105조(저작권분쟁해결알선위원) / 제106조(알선의 신청) / 제107조(수수료) / 제108조(알선에의 회부) / 제109조(알선) / 제110조(보고 등) / 제111조(정령에의 위임)

제7장 권리침해

제112조(정지청구권) / 제113조(침해로 보는 행위) / 제113조의2(선의자와 관련된 양도권의 특례) / 제114조(손해액의 추정 등) / 제114조의2(구체적 태양의 명시의무) / 제114조의3(서류의 제출 등) / 제114조의4(감정인에 대한 당사자의 설명의무) / 제114조의5(상당한 손해액의 인정) / 제114조의6(비밀유지명령) / 제114조의7(비밀유지명령의 취소) / 제114조의8(소송기록의 열람 등의 청구의 통지 등) / 제115조(명예회복 등의 조치) / 제116조(저작자 또는 실연자의 사후에 있어서의 인격적 이익의 보호를 위한 조치) / 제117조(공동저작물 등의 권리침해) / 제118조(무명 또는 변명저작물과 관련된 권리의 보전)

제8장 벌칙 (제119~124조)

부칙

## 3) 현재와 미래

일본에서 1869년 공포한 출판조례를 통하여 저작권 관련 법령의 기초를 마련한 이래 1887년 종래의 출판조례에 포함되어 있던 판권 관계 규정을 독립시켜 판권조례 등을 공포함으로써 실질적인 저작권 법제의 모습을 갖추기 시작하였다는 사실은 이미 살핀 바와 같다. 그리하여 1899년 일본이 서구 열강의 압력에 굴복하여 베른협약에 가입하고 그 이행을 위하여 부칙 포함 52개 조의 저작권법을 공포(1899년 3월 4일 법률 제39호)하였는데, 이것이 이른바 일본 최초의 저작권법, 즉 (구)저작권법이 된 것이다.

이후 각계 각 분야의 발달과 국제 저작권 환경의 현대화에 대응하기 위하여 (구)저작권법의 전면개정이 불가피해졌고, 그 면모를 일신한 것이 현행 저작권법(1970년 5월 6일 법률 제48호)이었다. 이후 일본 저작권법은 40차례 가량 개정되었으며, 이 중에서 조문의 주요 내용이 바뀐 것만 해도 20차례 가까운 것으로 분석된다.

또한 일본에서는 2009년 저작권법 개정에 따라 일정 다운로드 행위가 불법이 되었으나 여전히 음악과 영상에 대한 불법 다운로드 행위가 줄어들지 않고 있는 실정이다. 2010년 일본레코드협회는 조사를 거쳐 불법 음원 사이트 등에서 다운로드되는 연간 음원 수가 정규 유료 음악의 10배에 해당하는 43.6억 파일로 추정된다고 발표하였다. 이처럼 불법 다운로드로 인한 피해가 심각한 상황임을 감안하여 2012년 6월 불법 다운로드의 처벌을 강화한 개정법이 국회를 통과하였고 같은 해 10월부터 발효된 바 있다. 최근 개정된 일본 저작권법의 주요 내용을 살펴보면 다음과 같다.(일본 문화청 자료 참조)

- 개인적으로 사용할 목적이라도 '해적판'에 대하여 이것이 판매 또는 유료 제공되

는 음악 및 영상이라는 것과 불법 다운로드된 음악이나 영상임을 알면서도 컴퓨터에 녹음·녹화한 경우에는 형벌로, "2년 이하의 징역 또는 200만 엔 이하의 벌금(또는 병과)"이 부과될 수 있다.

• 저작권 보호를 위하여는 음악이나 영상을 다운로드할 때는 '엘마크'[102]가 붙은 정품 다운로드 사이트를 이용하여야 한다.

• 영화 등의 DVD 등에는 복사 방지가 되어 있는 것이 많이 있는데, 2012년 10월 1일부터 개인 사용을 목적으로 하는 경우에도, DVD의 복사 방지 기능을 해제하여 자신의 PC로 전송하는 것(이른바 'DVD 리핑')은 처벌 대상은 아니지만 불법이 된다. 또한 DVD의 복사 방지 기능을 해제하는 프로그램을 양도·대여의 목적으로 만들거나, 실제로 이를 다른 사람에게 양도 또는 대여할 경우 "3년 이하의 징역 또는 300만 엔 이하의 벌금(또는 병과)"이 부과될 수 있다. 하지만 음악 CD는 복사 방지가 되어 있지 않기 때문에, 개인 이용 목적으로 음악 CD를 자신의 PC나 휴대음악 플레이어 등에 복제하는 것은 여전히 불법이 아니다.

일본에서는 그 밖에도 일련의 저작권법 개정 작업을 통하여 저작권 보호를 도모하면서 지속적으로 저작물 이용의 활성화를 모색하고 있는 것으로 보인다. 이는 저작권법의 제정 목적에 충실한 흐름이기는 하지만, 이용의 원활화를 통하여 저작물의 가치를 극대화하고자 하는 또 다른 목적을 실현하기 위한 정

---

102) 일본레코드협회가 불법 음악 다운로드 서비스 대책으로 새롭게 내놓은 식별 마크. 일본레코드협회는 각 레코드 회사와 정규 계약을 체결하고 있는 합법 사이트에 마크를 부여하고 마크가 없는 사이트는 불법 사이트로 간주한다고 발표했다. 만일, 불법 사이트가 마크를 무단으로 사용한 경우에는 상표권 침해가 된다. 엘마크는 일본레코드협회가 상표 등록하고 있어 불법 사이트가 합법 사이트로 가장해 마트를 표시한 경우는 사용 금지를 청구할 수 있다. 엘마크는 최초에 110개 레코드 회사와 543개 사이트에 발행됐으며, 음악 다운로드 서비스업자는 이 마크를 사이트의 메인 페이지와 음악 구입 페이지 등에 표시하면 된다. 2012년 9월 28일, 일본레코드협회는 합법적인 음악 및 영상 사이트임을 표시하는 엘마크를 사용하는 사이트를 정리하여 260사 1,493개가 운영 중임을 확인한 바 있다.

부 차원의 노력으로도 해석된다. 아울러 저작권법 이외에도 저작권등관리사업법, 프로그램 관련 등록특례법령 등이 존재하며, 영화의 도촬방지에 관한 법률, 특정 전기통신역무제공자의 손해배상책임의 제한 및 발신자정보의 개시에 관한 법률, 세계저작권조약 실시에 수반하는 저작권법의 특례에 관한 법률과 시행령, 연합국 및 연합국민 저작권의 특례에 관한 법률, 지적재산기본법, 부정경쟁방지법, 국립국회도서관법 등이 저작권법과 더불어 지식재산권 전반을 보호하고 있다.

결국 현재 일본에서는 벌칙 강화를 통하여 저작권 등의 실효성을 확보하는 동시에 저작물의 원활한 이용을 도모함으로써 이른바 '두 마리 토끼'를 모두 잡겠다는 목표를 향하여 저작권 관련 정책을 펼치고 있는 것으로 보인다. 향후 한국과 중국, 그리고 일본이 다자간 자유무역협정(FTA)을 진행함에 있어 이러한 포석이 어떻게 협상 과정에서 표출될지 주변 국가들은 주목하여야 할 것이다. 나아가 한류의 지속적인 확산을 위해 어떠한 관계망 구축이 중요한지 면밀하게 판단하여 관련 협상에 나서야 할 것이다.

전통적으로 출판과 저작권은 불가분의 관계 속에서 발전하여 온 개념이다. 인류 문명사에 있어 문자의 출현 이후 다양한 필사 매체가 등장하고 다양한 문명이 세계 곳곳에서 발흥하는 동안 문자 복제술은 필사의 수준을 벗어나지 못하였지만, 동양의 목판 인쇄술 및 금속 활자 발명에 이어 서양의 구텐베르크에 의한 활판 인쇄술이 상용화됨으로써 15세기에 이르러 비로소 출판에 의한 대량 복제 시대가 열리면서 저작물을 복제(copy)할 수 있는 권리(right)로서의 저작권이 생겨났기 때문이다.

일반적으로 '권리'란 "법에서 인정하는 힘"이다. 이러한 권리에는 크게 보아 공권(公權)과 사권(私權)이 있으며, 저작권은 저작자 개개인의 권리를 보호하기 위하여 부여된 것이므로 '사권'에 해당한다. 그리고 사권은 재산권과 인격권으로 나눌 수 있는데, 개인의 재산적·경제적 이익을 보호하기 위한 재산권에는 민법에서 규정하고 있는 물권(物權)[103]과 채권(債權)[104]이 대표적이며 양도나 상속이 가능한 반면, 인격권은 개인의 인격적 이익을 보호하기 위한 것이므로 개인의 일신(一身)에 전속하고 양도나 상속을 할 수 없다. 그런데 저작권에는 재산권과 인격권이 포괄되어 있어서 그것을 분리하는 것이 어렵다.

또한 저작권은 물권에서처럼 유체물을 대상으로 하지 않고 무체물을 대상으로 한다는 점에서, 그리고 일반적인 소유권은 영구적인 데 비하여 보호 기간이 한정되어 있다는 점에서 다르다. 그래서 저작권은 특허권 등과 함께 무체재산

---

103) 특정한 물건을 직접 지배하여 배타적 이익을 얻는 권리.
104) 특정인이 다른 특정인에게 어떤 행위를 청구할 수 있는 권리.

권 또는 지적재산권, 지적소유권이라고 불리기도 한다. 다만, 특허권[105] · 실용신안권[106] · 디자인권[107] · 상표권[108] 등의 산업재산권은 그것이 개인의 권리 보호뿐만 아니라 산업의 발전을 목적으로 하고 일정한 요건을 갖추어 특허청에 등록해야만 권리가 발생하지만, 저작권은 문화의 향상발전을 목적으로 하며 어떠한 절차나 요건이 필요하지 않고 오직 저작물의 창작과 동시에 권리가 발생한다는 점에서 그 성질이 다르다.

아울러 저작권법은 단순히 저작권자의 이익을 보호하기 위해서만 존재하는 것이 아니며, 오히려 저작권자와 이용자 사이의 관계를 합리적으로 규율해 주는 측면이 더 강하다는 것을 잊어서는 안 된다. 현대적 의미의 저작권법은 창조적인 작업을 통해 직접 저작물을 창작한 저작자나 그것을 활용하여 불특정 다수의 대중에게 메시지를 전달한 커뮤니케이터들—예를 들면 출판사, 잡지사, 신문사, 방송사, 음반회사, 영화사, 극단 등—만의 권리와 의무를 규정한 것이 아니라, 그들의 책임과 함께 저작물 이용자의 권리와 의무까지도 함께 규정하고 규율해 주는, 문화 활동 전반에 걸쳐 기본이 되는 법률이기 때문이다.

---

105) 특허법은 발명(發明)을 보호·장려하고 그 이용을 도모함으로써 기술의 발전을 촉진하여 산업 발전에 이바지함을 목적으로 제정되었으며, 여기서 발명이란 "자연법칙을 이용한 기술적 사상의 창작으로서 고도한 것"을 가리킨다.

106) 실용신안법은 실용적인 고안(考案)을 보호·장려하고 그 이용을 도모함으로써 기술의 발전을 촉진하여 산업 발전에 이바지함을 목적으로 제정되었으며, 여기서 고안이란 "산업상 이용할 수 있는 물품의 형상·구조 또는 조합에 관한 자연법칙을 이용한 기술적 사상의 창작"을 가리킨다.

107) 디자인보호법에서 규정하고 있는 디자인이란 "물품(물품의 부분 및 글자체를 포함한다)의 형상·모양·색채 또는 이들을 결합한 것으로서 시각을 통하여 미감을 일으키게 하는 것"을 말한다. 한편, 법률 명칭의 경우 2004년 12월 31일 개정에 의해 '의장법'에서 '디자인보호법'으로 변경된 바 있다.

108) 상표법은 법은 상표(商標)를 보호함으로써 상표사용자의 업무상의 신용유지를 도모하여 산업발전에 이바지함과 아울러 수요자의 이익을 보호함을 목적으로 제정되었으며, 여기서 상표란 "상품을 생산·가공·증명 또는 판매하는 것을 업으로 영위하는 자가 자기의 업무와 관련된 상품을 타인의 상품과 식별되도록 하기 위해 사용하는 기호·문자·도형·입체적 형상 또는 이들을 결합한 것과 위 각각에 색채를 결합한 것"을 가리킨다. 또 상표법의 대상은 상표 이외에 서비스표, 단체표장, 업무표장도 포함된다.

또한 한국적 문화 토양에 어울리는 저작권 법제의 정착을 위한 노력도 시급한 과제가 아닐 수 없다.

일본이 1899년 저작권법을 제정한 배경에는 당시 서구 열강과 체결할 수밖에 없었던 불평등 조약이 자리 잡고 있음은 앞서 살핀 바와 같다. 곧 서구 열강과의 사이에 체결한 불평등 조약을 폐지하기 위해 메이지 정부가 영국, 독일 등과 약속했던 베른협약에 가입할 수밖에 없었고, 이를 위한 사전 작업의 일환으로 저작권법을 제정했던 것이다. 좀 더 직접적으로는, "당시 일본이라는 나라는 사회 전반적인 수준은 '출판조례'나 '판권조례' 정도가 걸맞은 것이었음에도 느닷없이 세계적인 수준의 저작권법을 보유하게 됨에 따라 현실과 법이 겉돌게 된 결과 사어(死語)인 판권이 계속해서 잔존하게 된 것이다. 식민지 시대 우리나라는 일본을 통하여 서구 학문을 간접적으로 흡수함으로써 이때 유입된 일본 서적 등과 함께 '판권'이란 용어도 묻어 들어오게 된 것으로 보인다."(박성호, 1992, 303쪽)

이 같은 역사적 배경에도 불구하고 여전히 간기면(刊記面)에 '판권 소유' 또는 '판권 본사 소유'라고 적는 우리 출판계의 관행은 조속히 고쳐져야 할 것이다. 아울러 애초에 그것을 도입했던 일본 저작권법에서는 이미 사라지고 없는 "출판권자는 출판권을 표시하기 위하여 각 출판물에 저작권자의 검인을 첩부하여야 한다"는 우리 구저작권법의 조항이 그대로 살아 현행 저작권법(2011년 12월 2일자 법률 제11110호)에서까지 '복제권자의 표지' 의무로서 '복제권자의 검인'을 요구하고 있다는 사실은 전근대적이고도 시대착오적인 발상이 아닐 수 없다. 이처럼 우리 출판권 관련 조항 전반에 걸쳐 잔존하고 있는 일본 저작권법의 영향성을 극복하기 위해서는 한국적 출판문화에 입각한 새로운 패러다임의 구축이 필요하다.

이제 출판은 단지 도서만을 의미하는 협소한 개념에서 전자적 정보를 서비스하는 광의의 개념으로 탈바꿈하고 있다. 정보 사회 이전에는 출판이란 사상이나 감정 등을 정형화된 용기에 담아 수용자에게 전달하는 일련의 행위를 의미했으며, 이러한 행위를 둘러싼 경제적 관계를 통칭하여 '출판 산업'이라고 불러 왔다. 일반적으로는 도서를 중심으로 한 일련의 경제적 행위, 즉 생산·유통·소비를 둘러싼 경제적 메커니즘을 의미하였다. 하지만 이와 같은 아날로그 시대의 출판 산업 개념으로는 더 이상 디지털화된 출판물을 적절하게 설명해 줄 수 없게 되었다. 이에 따라 새로운 출판 산업의 개념이 필요하게 되었는데, 이에는 반드시 아날로그 형태의 출판뿐 아니라 디지털화된 출판이 포함되어야만 가능한 일이다.

저작권은 어디까지나 문화의 산물이다. 문화는 곧 인간이 창조하고 면면히 계승하는 것이며, 그것의 주체는 또한 인간이다. 앞으로 기술은 점점 발전해 나갈 것이고, 저작물을 표현하는 매체의 양상 또한 날로 첨단화할 것이다. 전자책 (e-Book) 등 첨단 매체 역시 인간이 창조한 문화의 일부이며, 그렇기에 이것을 보호하고 육성하려는 인간 스스로의 노력이 뒤따르지 않는다면 인류 문화의 향상발전은 기대하기 어렵다. 따라서 출판 분야의 새로운 첨단 매체에 대하여 단순히 기술만을 보호하려는 근시안적인 법과 제도를 고집한다면 또 다른 '책'의 유형이 등장하였을 때 똑같은 문제점에 직면할 수밖에 없다는 점을 직시하여 수천 년 인류 문화에 봉사해 온 '책'의 본질을 헤아리는 미래지향적 법제도의 정착을 위한 연구와 실천이 뒤따라야 할 것이다.

| 참고문헌 및 자료 |

## 1. 국내 문헌

검열연구회(2011).『식민지 검열: 제도·텍스트·실천』. 서울: 소명출판.

곽중섭(1992). 우리나라 著作權法制의 발전과정 연구. 저작권심의조정위원회 편.《계간 저작
　　권》. 1992년 봄호(통권 제17호). pp. 45~51.

권호 역(2014).『중화인민공화국 저작권법』. 서울: 시간의물레.

김기태(2000). 뉴미디어의 기술 진전과 저작권 보호에 관한 연구. 경희대학교 대학원 신문방송
　　학과 박사학위 논문.

김기태(2008).『저작권: 편집자를 위한 저작권 지식』. 파주: 살림출판사.

김기태(2010a). 새로운 패러다임 구축을 위한 '출판'의 재개념화 연구. 한국출판학회 편.《한국
　　출판학연구》. 제36권 제1호(통권 제58호). pp. 217~262.

김기태(2010b). 저작권법상 출판권 관련 조항의 실무적 한계와 개선방안. 한국저작권위원회 편.
　　《계간 저작권》. 2010년 겨울호(통권 제92호). pp. 88~104.

김기태(2010c).『글쓰기에서의 표절과 저작권』. 서울: 지식의날개.

김기태(2011). 일본 근대 저작권 사상이 한국 저작권 법제에 미친 영향: 출판권을 중심으로. 한
　　국출판학회 편.《한국출판학연구》. 제37권 제1호(통권 제60호). pp. 1~27.

김기태(2012). 근대 일본의 출판통제정책 연구: 메이지 시대를 중심으로. 한국출판학회 편.《한
　　국출판학연구》. 제38권 제1호(통권 제62호). pp. 33~55.

김기태(2013).『저작권법 총설』. 서울: 형설출판사.

김대호(1996).『멀티미디어 시대를 대비한 미디어 정책』. 서울: 박영률출판사.

김문환(1993). 새로운 매체와 저작권법의 적용.《계간 저작권》. 1993년 가을호.

김봉희(1999).『한국 개화기 서적문화 연구』. 서울: 이화여자대학교출판부.

김상환 외(1998).『매체의 철학』. 서울: 나남출판.

김욱동(2010).『번역과 한국의 근대』. 서울: 소명출판.

남석순(2008). 1910년대 신소설의 저작권 연구: 저작권의 혼란과 매매 관행의 원인을 중심으로.
　　단국대학교 동양학연구소 편.《동양학》. 제43집. pp. 1~27.

남석순(2008).『근대소설의 형성과 출판의 수용미학』. 서울: 박이정.

대한출판문화협회.『한국출판연감(자료편)』. 서울: 대한출판문화협회.

馬麗麗(2005). 韓國의 契約法과 中國의 合同法에 관한 比較法的 考察. 전남대학교 대학원 석사
　　학위논문.

문화체육부(1993).『UR과 저작권』. 서울: 문화체육부.

민병덕(1992). 한국 개화기의 출판관에 관한 연구. 한국출판학회 편.《출판학연구》. 서울: 한국
　　출판학회.

박문석(1997). 『멀티미디어와 현대저작권법』. 서울: 지식산업사.

박성호(1992). 현행 저작권법의 해석상 '판권의 개념'. 서울지방변호사회 편. 《변호사》. 1992년 1월호(통권 제22호). pp. 297~316.

범우사기획실 편(1995). 『출판학원론』. 서울: 범우사.

손수호(2006). 디지털 환경에서의 저작권 공유인식에 관한 연구. 경희대학교 대학원 신문방송학과 박사학위 논문.

송영식·이상정(1997). 『저작권법개설』. 서울: 화산문화.

오승종·이해완(1999). 『저작권법』. 서울: 박영사.

윤선영(1997). 멀티미디어 저작물의 저작권 보호에 관한 연구. 중앙대학교 대학원 문헌정보학과 박사학위 논문.

윤준수(1998). 『인터넷과 커뮤니케이션 패러다임의 대전환』. 서울: 커뮤니케이션북스.

이강수(1996). 『커뮤니케이션 패러다임 논쟁』. 서울: 나남.

이광린(1999). 『韓國開化史硏究)』. 서울: 일조각.

이정춘(1998). 『현대사회와 매스미디어』. 서울: 나남.

이종국(1996). 한국의 근대 인쇄출판문화 연구: 신서적과 그 인쇄출판 인식을 중심으로. 한국출판학회 편. 《인쇄출판문화의 기원과 발달에 관한 연구논문집》. 청주: 청주고인쇄박물관.

이종국(2006). 『출판연구와 출판평설』. 서울: 일진사.

이종국(2007). 『출판 컨텍스트』. 서울: 일진사.

임종원(2011). 『후쿠자와 유키치 새로운 문명의 논리』. 파주: 한길사.

장인숙(1989). 『저작권법원론』. 서울: 보진재출판사.

저작권심의조정위원회(1988). 『저작권용어해설』. 서울: 저작권심의조정위원회.

정진섭·황희철(1995). 『국제지적소유권법』. 서울: 육법사.

차배근(1976). 『커뮤니케이션학개론(상)』. 서울: 세영사.

천혜봉(1993). 『한국서지학』. 서울: 민음사.

최경수(1995). 『멀티미디어와 저작권』. 서울: 저작권심의조정위원회.

최낙진(1999). 한국 인터넷 신문의 종합정보기업화에 관한 연구—시장행위전략모델을 중심으로. 중앙대학교 대학원 신문학과 박사학위 논문.

최 영(1998). 『뉴미디어시대의 네트워크 커뮤니케이션』. 서울: 커뮤니케이션북스.

최 준(1964). 한국의 출판연구: 1910~1923년까지. 서울대학교 신문연구소 편. 《한국연구소학보》.

최 준(1972). 『한국신문사』. 서울: 일조각.

한병구(1987). 『언론법제이론』. 서울: 나남.

한승헌(1988). 『저작권의 법제와 실무』. 서울: 삼민사.

한승헌(1992). 『정보화시대의 저작권』. 서울: 나남.

한영학(2011). 광무신문지법과 일본 신문지법 비교 연구. 한국언론학회 편. 《한국언론학보》. 55권 1호. pp. 337~360.

한혜영(2010). 대한제국시기(1897~1910)의 도서 출판에 관한 연구: 정치, 외교, 행정 도서를 중
　　심으로. 서강대학교 언론대학원 석사학위 논문.
허희성(1988). 『신저작권법축조개설』. 서울: 범우사.


## 2. 중국 문헌

梁治平(1998). 『法律的文化解释』. 北京: 三联書店.

李明山(2003). 『中國近代版權史』. 河南: 河南大學出版社.

李雨峰(2006). 『槍下的法律: 中國版權史研究』. 北京: 知識産權出版社.

李雨峰·常青 外(2007). 『中國當代版權史』. 北京: 知識産權出版社.

叶再生(2002). 『中國近代現代出版通史(第一卷)』. 北京: 華文出版社.

史華慈(1980). 「論保守主義」. 『近代中國思想人物論-保守主義』. 臺北: 時報出版事業有限公司.

林毓生·이병주 譯(1990). 『中國意識의 危機』(韓國學術振興財團飜譯叢書71). 서울: 大光文化社.

张光直(1996). 『考古学专题六讲』. 北京: 文物出版社.

鄭家棟(1991). 「儒家思想的現代志向及其命運」. 方克立·李錦全 主編. 《現代新儒學研究論集
　　(2)》. 北京: 中國社會科學出版社.


## 3. 일본 문헌

나가미네 시게토시·다지마 데쓰오. 송태욱 옮김(2010). 『독서국민의 탄생』. 서울: 푸른역사.

나리타 류이치 외. 연구공간 수유+너머 '일본 근대와 젠더 세미나팀' 옮김(2011). 『근대 知의
　　성립』. 서울: 소명출판.

나카쓰카 아키라. 성해준 옮김(2005). 『근대일본의 조선인식』. 서울: 청어람미디어.

마루야마 마사오, 가토 슈이치. 임성모 역(2010). 『번역과 일본의 근대』. 서울: 이산.

야스카와 주노스케. 이향철 옮김(2011). 『후쿠자와 유키치의 아시아 침략사상을 묻는다』. 서울:
　　역사비평사.

요시미 슌야 외. 연구공간 수유+너머 '일본 근대와 젠더 세미나팀' 옮김(2007). 『확장하는 모더
　　니티』. 서울: 소명출판.

水野鍊太郎(1902). 欧州ニ於ケル著作權法ノ沿革及其国際的関系ノ由来. 《法律学経済学論叢》. 第
　　1卷 第5號.

奥平康弘(1967a). 日本出版警察法制の歷史的研究序説·4. 《法律時報》. 第39巻 第8号.

奥平康弘(1967b). 日本出版警察法制の歷史的研究序説·5. 《法律時報》. 第39巻 第9号.

伊藤信男(1976). 『著作權事件100話』. 東京: 著作權資料協会.

倉田喜弘(1983). 『著作權史話』. 東京: 千人社.

長尾正憲(1988). 『福沢屋諭吉の研究』. 東京: 思文閣出版.

河北展生(1989). 福沢諭吉の初期著作権確立運動.《近代日本研究 5》. 東京:慶応義塾福沢研究セ
ンター.

黒田誠一郎(1990). ベルヌ条約創設会議出席報告. 『日本音楽著作権史(上)』. 東京: 日本音楽著作
権協会.

吉村 保(1993). 『發掘 日本著作權史』. 東京: 第一書房.

塚越健太郎(1995). 『ベルヌ創設会議の記録』. 東京: 著作権情報センター.

小泉信三(1996). 『福沢諭吉』. 東京: 岩波書店.

清水英夫(1995). 『出版學と出版の自由』. 東京: 日本エディタ-スクール出版部.

宮沢溥明(1998). 『著作權の誕生』. 東京: 日本ユニ著作権センター.

著作權法百年史編纂委員會 編著(2000). 『著作權法百年史』. 東京: 著作権情報センター.

『大日本図書百年史』. 大日本図書. 1992.

『日本出版百年史年表』. 日本書籍出版協会. 1968.

『出版事典』. 出版ニュース社. 1971.

## 4. 서양 문헌

Anthony Smith(1980). *Goodbye Gutenberg-The Newspaper Revolution of the 1980s*. NY:
Oxford University Press. 1980)

Chih Wang(1986. 3.). 「Electronic publishing and it's impact on books and libraris: An
overview with comment and recommendation」, *Electronic Publishing Review*.

Elizabeth, L. Eisenstein(1983). *THE PRINTING REVOLUTION IN EARLY MODERN EUROPE*.
NY: Cambridge University Press.

Hebert, S. Bailey(1970). *The Art and Science of Book Publishing*. Austin: University of Texas
Press.

Jerome, S. Rubin(1989). *"Publishing as a Creature of Advanced Technology"* in *Toward the
Year 2000: NewForcesin Publishing*. Gutersloh, Germany: Bertelsmann Foundation.

John Perry Barlow(1994. March). *The Economy of Ideas: A Framework for Patents and
Copyright in the Digital Age*, WIRED 2.03.

John, V. Pavlik(1996). *New Media Technology-Cultural and Commercial Perspective*. Boston:
Allyn and Bacon.

M. Ethan Katsh. 김유정 역(1997). 『디지털시대의 법제이론』. 서울: 나남출판

Manuel Castells(1996). *The Information Technology Revolution*. USA: Blackwell Publishers.

Marshall McLuhan(1994). *Understanding Media-The Extensions of Man*. Cambridge: The MIT
Press.

Maureen O'Rourke(1997). *Copyright Preemption After the ProCD Case: A Market-Based Approach,* 12 BERKELEY TECHNOLOGY LAW JOURNAL, 53.

Michael, D. Scott, & James, L. Talbott(1993. August). 「Interactive Multimedia: What is it, Why is it Important and What dose one need to Know about it?」, *EIPR.*

Nicholas Negroponte. 백욱인 역(1996). 『디지털이다』. 서울: 커뮤니케이션북스.

Paul Varley. 박규태 옮김(2011). 『일본문화사』. 서울: 경당.

Paul Saffo(1992). *The Electronic Future Is upon Us.* 《New York Times》(7 June 1992).

Rogert Escarpit. 김광현 옮김(1996). 『정보와 커뮤니케이션』. 서울: 민음사.

Steward Brand. 김창현·전범수 옮김(1996). 『미디어 랩』. 서울: 한울.

Tim Congdon 외. 한동섭 옮김(1998). 『교차미디어 혁명』. 서울: 커뮤니케이션북스.

UNESCO 편. 백승길·박관희 역(1989). 『저작권이란 무엇인가』. 서울: 보성사.

W. Benjamin. 차봉희 역(1980). 『현대사회와 예술』. 서울: 문학과지성사.

Wilson, P. Dizard, Jr.(1997). *Old Media, New Media:Mass Communications in the Information Age.* NY: Addison Wesley Longman Inc. 이민규 역(1997). 『올드미디어 뉴미디어-정보화시대의 매스커뮤니케이션』. 서울: 나남출판.

피터 드러커. 이재규 역(1993). 『자본주의 이후의 사회』. 서울: 한국경제신문사.

## 5. 웹 사이트

대한출판문화협회(http://www.kpa21.or.kr)
문화체육관광부(http://www.mcst.go.kr)
일본서적출판협회(http://www.jbpa.or.jp)
중국신문출판연구원(http://cips.chuban.cc)
한국저작권위원회(http://www.copyright.or.kr)
한국언론연구원(http://www.kpi.or.kr)